Lacs des Ecrins

Cet ouvrage a été réalisé avec le soutien du Parc national des Écrins.

Conception graphique : Alain Oriot
Photogravure : Imagis
Imprimé en CEE

6, rue Valérien-Perrin
38170 Seyssinet
ISBN : 2.907781.12.X

Lacs des Ecrins

Photographies
BERTRAND BODIN

Textes
CLAUDE DAUTREY

Un livre sur les lacs commence comme un défi, une boutade, une perspective, une envie de mise en forme de tant et tant d'« auberges à la Grande Ourse » vouée à la célébration du jour.

C'est un collier de joyaux qui saute au cou de la mémoire, rassemblant pêle-mêle le vif-argent de la dernière découverte et les souvenirs lointains des grands moments de rêverie et d'extase dans l'eau toute pleine des évasions du ciel et leurs sommets soumis.

C'est une peur panique de la répétition du dévoilement des secrets jamais percés. C'est l'envie de dire à l'unisson, images et textes noyés ensemble dans la contemplation, ce qui pousse à la rencontre de l'émotion et du sens.

Oui c'est cela, c'est la joie de faire partager des parcours, des rencontres avec la solitude, le silence, le secret avec le bruit, la force et la fureur, la joie de dire sa montagne, rien de moins, rien de plus.

Chaque lac est un œil ouvert, une voix, une voie, un ton, un caractère, un magicien des formes et des lumières, un lieu de vie, un noir dessein.

Le lac est la permanence comme le berger, le dernier arbre, le grand bloc, le sommet ou la sombre paroi.

Il est l'instant et le lieu des métamorphoses, il est le reflet et la profondeur, il est l'ambivalence.

Peintre des combats anciens de l'eau et de la pierre, du temps et du mouvement, le lac est mémoire et recréation.

Chaque plongée est un voyage vers les origines, « pèlerinage aux sources », descente dans le déchaînement des éléments, construction du monde, tout s'éclaire ou s'assombrit dans une poétique de l'instant d'éternité.

Le langage des matières élémentaires est celui de la vie et du sens de la vie, c'est celui qui nous exprime et cherche, oreilles et mains tendues, les échos paisibles de tous ceux qui ont pour vocabulaire : tentures de pierre, risées d'herbes et combes de lumière.

Prétexte à des itinéraires de hasard, occasions de rencontres et d'événements de questionnements, le lac est un personnage aux mensurations inégales, modeste ou théâtral, célèbre ou méconnu, tout comme les côtoyeurs de la pierre et du vent qu'on appelle alpinistes, dont chaque rencontre nous ouvre de nouveaux espaces de liberté.

Le lac est une question posée à la terre et au ciel, il est cet attrait, cette perspective qui fait dormir dehors, suer, pester, parler seul tant qu'on ne l'a pas vu, celui qui tout efface : la fatigue et la peur, la distance et l'ennui.

Prisonnier des glaces et des pierres, il est une parenthèse dans le temps et dans l'espace.

Il est la liberté, il nous place en apesanteur, il nous libère par son écoute, nous asservit par son aimantation.

Conversations à souliers rompus avec des personnages en quête de hauteurs et de sûrs voisinages, les lacs nous ouvrent les chemins de la liberté dans le massif des Écrins.

Le lac de Cédéra

Appuyer sa caudale sur la balle de coton des nuées, lourdes d'inerties avec la fin des vents, sans rien bouger. Ne provoquer ni turbulence, ni turbidité, juste glisser entre ciel et eau, seulement attentif à tout ce qui n'est pas dans cette progression immobile de la lumière. Les glaces de surface filtrent un jour trop cru, prolongeant les terres rochassières en isthme, en digues, en plages exondées. Ciel et glace, un atlas bien connu et quel privilège que de naviguer entre ces continents ourlés de rives brutes. Ciel et eau complices tirent ensemble la lourde couette des orages. Recevoir en plein corps les ondes de la foudre, vessie natatoire gonflée d'un air électrique qui aiguise la faim. Les truites mouchent dans les étoiles et répondent en un signe rond, expressif, au pêcheur décrypteur d'eaux sombres et de ciel clair. Les truites mouchent pour décupler le silence et faire des montagnes et du ciel des alliés sûrs dont le reflet brouille la lecture hésitante du pêcheur d'abîmes. Nul besoin de fil d'Ariane pour ondoyer sur cette mappemonde de terres et de glaces courbes dont les mondes sont propres à s'inverser, comme temps et matière. Principe de profondeur dans ce resserrement de ciel et d'eau.

Le lac de Mal Cros

Il en est des territoires comme des destinées. Certains, certaines sont maudits. Ainsi en va-t-il de Mal Cros, ce mauvais creux qui jouxte Chaillol le Vieux, cet oracle des saisons élevé au rang de sage d'entre les sages.
Qu'importe la mémoire, d'un lac fruit d'un glacier aujourd'hui disparu.
Qu'importe ce trou de mémoire frangé de neige et d'éboulis, qu'importe la belle harmonie des deux obliques d'ombre et de lumière de ces deux drapés de pierre qu'une simple vasque s'échine à rehausser. Mal Cros reste Mal Cros, le site d'une trahison qui, au terme d'un travail colossal devant conduire l'eau bienfaitrice de Champoléon à Chaillol et les pays de bocage, s'est avéré un chantier impossible. Trop de perte en route, un glacier qui s'amenuise, des accords sur le prix de l'eau qui ne se font pas et encore une fois l'eau lourde de mémoire s'abreuve de silence, de lumière, de secret.
Pour quelques-uns, Mal Cros, c'est l'austère beauté des hautes solitudes.

Malgré le plein été, le souvenir d'une randonnée s'impose, traversée à skis par l'étroite brèche de l'Homme.
Un blanchon avait servi de guide comme jamais.
Mais au diable la mémoire, foin des dentelles de pierre, des citadelles, des échancrures, c'est un mauvais creux que ce territoire-là, c'est dire s'il fait bon s'y nicher, c'est dire s'il garantit l'intimité d'une découverte.

Floraison progressive de bas en haut pour les hampes d'asphodèles.

Le lac des Selliers

Il a suffi de fermer les persiennes du regard pour ne garder que la tranche de désordre des terres.
Les pieds de versants ordonnent les plans, disent la profondeur, dictent les confluences, dessinent des parcours d'eau experts en contournements.

Pour qui voyage peu, le paysage, limité à ces écroulements, ces écoulements de roches lie de vin à peine retardés par les maigres banquettes d'herbe et de pâture, évoque des montagnes lointaines, d'Amérique du Sud peut-être.
Volcanisme latent et tremblement de terre ont mis sens dessus dessous des pans entiers que le grand chantier du temps répare à l'aide de la seule pesanteur.
Le lac des Selliers y affiche une crâne sagesse, godet de peintre, couleur de précipité.
On pressent que son talent est de ne rien celer.
Pourtant c'est à l'absence que vont toutes nos pensées, aux Fermons, au sentier, aux chalets du Tourrond.
Des tissus de prières flottent dans l'air exotique. Ces draperies sont pour l'homme de peine, elles professent une montagne vivante, elles disent la permanence, foi de Loulette, foi de berger, de son troupeau et de ses tardons.

Le torrent de la Muande veine la roche.

Les lacs de Crupillouse

Il ne saurait partir autrement qu'à la nuit pour une arrivée avec le jour et le déchiffrage des signes.
En connaisseur, il reprend des forces, le temps d'une observation, de ces joyaux sertis dans leurs gangues de pierre.
Le matériel, comme par magie, est déjà prêt, déjà la marche du soleil a été imaginée et le point stratégique repéré.
Ombre portée, contre-jour, discrétion et facilité de l'accès ont déterminé l'emplacement, les souvenirs aussi d'une belle truite sortie de la nuit bleue des pierres pour la superbe insolence d'un revirement de dernière seconde.
C'est pour cela que le pêcheur d'aurore est revenu, pour l'émergence improbable d'un mystère du fond des eaux mis en lumière par la magie d'une plume, d'un vol, d'un posé à l'heure et au lieu dits.
Dix fois, cent fois, il s'est représenté son univers lacustre, son attente immobile sous la belle avancée de pierre à peine animée de l'infime courant d'un torrent émissaire.
C'est pour cela qu'il est revenu pour une fois encore recréer le vol dans ce ciel d'aube naissante, pour le posé d'une mouche avec la perfection d'un appel de silence sans écho et sans onde, pour, une fois encore, s'emplir d'aube, de sommets, de vasques de pierre, et s'exalter, dans ce mélange de ciel et d'eau, de la montée souple et soudaine, brutale de silence, de la truite de Crupillouse.
Il sait qu'il n'a guère que cette aube pour que l'événement à nouveau l'assaille, le comble.
Ensuite, les lacs seront de lumière, il partira vers les Choucières Vertes, vers Parière ou le Veyre en quête de l'autre esprit des lieux, le bouquetin des Alpes, cet autre maître de l'immobile.

Le lac de Prelles

Sphaignes, joncs, laîches, une armée végétale tisse un tapis épais, flottant, qui grignote décade après décade l'eau libre du lac de Prelles.
Prisonnier de la vaste chevelure, l'esprit s'abîme dans les tourments d'une eau sombre de siècles de dépôts.
Partout le végétal enserre, dévore, gagne, emprisonne.
L'ensorcellement de cette chevelure ligature l'esprit de ses métamorphoses.
Ondulante avec le vent, la vague, argentée sous le spot solaire allumé tout soudain en couronne de pics gangués de givres matinaux comme le plus couronné des "coqs punks", libère le bel été qui éclate de vie.
On ne se déprend pas du tourment d'Ophélie, de son parti de l'eau, de la paix, du repos.
Le triton tisse ses amours dans le scalp végétal, associant aux lentes ondulations des feuilles du rubanier son désir tremblant et les brefs éclairs de son ventre d'or.
Qui saura avertir ce prétendant cossu qu'un nouveau et vorace danger le guette, truite ou saumon des fontaines, jetés-là en secret pour que meurent les millénaires d'une patiente conquête, celle des lacs par le triton alpestre.
Le Rouite rougit d'un tel méfait et fulmine, attestant ses origines volcaniques.

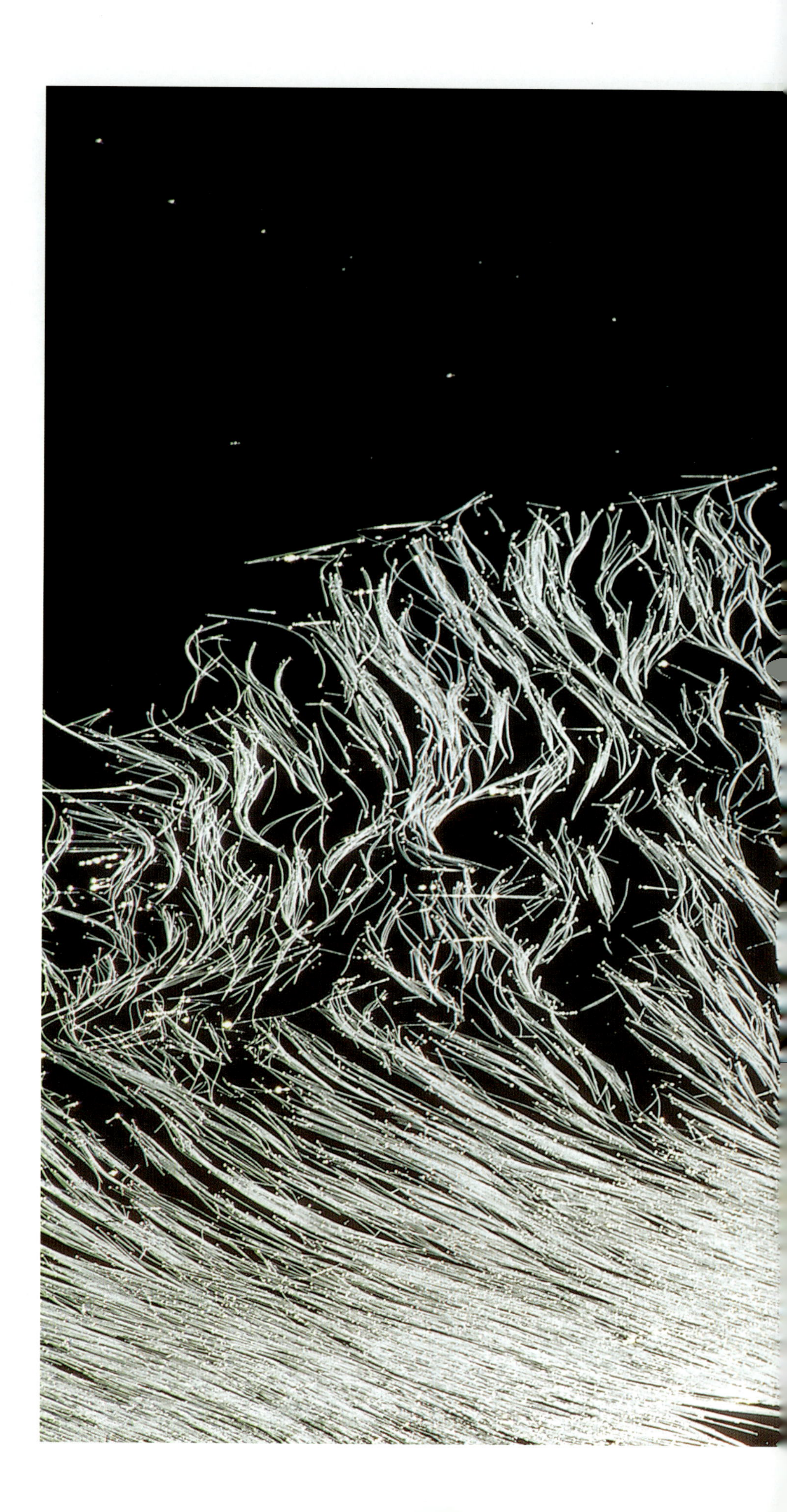

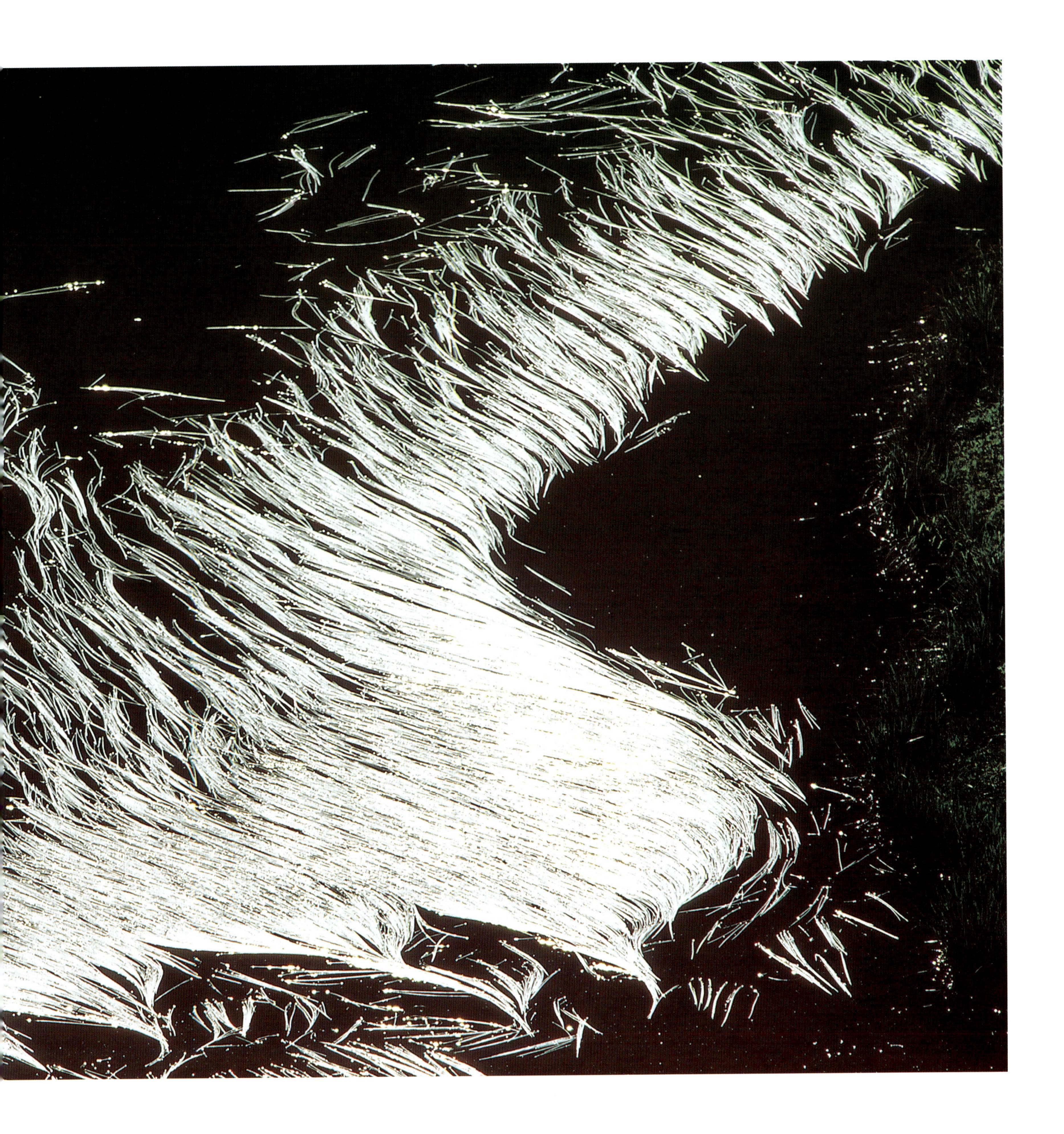

Le lac des Pisses

Lis et noblesse, une histoire ancienne. Ici, le lis martagon.

La gangrène des neiges et des lichens mange peu à peu la pierre.
Ces dévoraisons lentes convergent vers un centre géométrique, une aimantation, un point de convergence : le lac des Pisses.
Il est déjà le grand argentier, rassembleur des rus, ruisselets, eaux de fonte et cascades. Il est l'inévitable. Aussi a-t-il choisi de se mettre à l'écart du plateau, de toute cette mollesse des traits, du caractère, de la matière. On chercherait en vain ici la maille d'une étoffe, la tonte d'une pelouse, la plage d'un couvert végétal, on est au-delà, on a contourné Roche Rousse, on est du parti des Jalabres et du Grand Pinier.
On regarde debout Prapic et la grande mosaïque des prés et des cultures. On biaise avec Jujal, Pélisson et les autres, ces voisins, vautrés dans le moelleux pour célébrer la pierre. Celle-ci, gueule ouverte, denture croche, mord à belles dents dans ciel et lointains, faisant de Mourre-Froid, Garabrut et Aiguilles des desserts nappés de sucre-glace. Les crocs mécaniques sont encore maculés du plat de résistance à base de crêpes de lichens et d'éritriches en grappes. L'œil à son tour dévore cet appétit en marche que la mémoire a aussitôt figé en une scène forte, indélébile.

Le lac des Rougnoux

Après la longue marche dans les vallonnements des alpages de la Barre, des Sagnes, des Rougnoux et dans un automne uniforme, roux des pierres à la tête, voici le lac des Rougnoux.
Une dépression, un cratère d'eau sombre dans des confins de pierres ordonnées comme la trame d'une étoffe, le grain d'une image, la fibre d'une matière.

Des dunes coiffées de pierres, des lumières, qui s'écroulent en vastes pans d'ocre-jaune jusqu'à la frange d'une eau sombre fardée d'un étiage de proche hiver.
Le désert a rejoint ces terres des confins des Écrins et le lac est pareil à l'œil doux du dromadaire dans lequel passe toute la mémoire nomade.
Paysage de soufre, volcan, cratère aux lèvres écroulées.

L'eau noire est un trésor, une halte, une respiration, une étape pour les anorexiques des terres et territoires.
Aux Tourettes, un chamois observe le guetteur d'ombre, il suit son attente de l'instant lumineux qui rendra le paysage lisible. Il n'est ni blasé, ni en alerte, il est de pierre, il est durée, il est le paysage.

Puzzle de lichens. Surface et âge croissent ensemble.

Le grand lac des Estaris

Ah ! Que le soir vienne et gomme, efface et refasse ces prairies et pelouses d'altitude dont chaque courbe est lac, dont chaque crête est balisage de pétales de rocs. Que le soir vienne sur le grand lac comme un baume apaisant pour une terre d'altitude couturée de blessures. Que les paquets d'ouate des nuages apportent à ce grand corps meurtri la paix et les rêves de douceurs des souvenirs anciens. Le clapotis des vagues d'une risée crépusculaire est conversation à voix basses, réserve naturelle des amateurs d'abîmes, des pêcheurs d'étoiles, des bergers des cimes dont les messages sont de silence et leurs pages le cycle des nuits. À ceux-là le grand lac raconte le difficile rôle de chef de famille dont Jumeaux et Sirènes sont les enfants naturels et "profonds", à ceux-là il dit l'évolution des temps, comment il est devenu simple réserve d'eau à brumiser en neige... Mourre-Froid, Garabrut, Aiguilles et tapis de fleurs naines se haussent du col pour écouter l'histoire de moins en moins audible, pourtant toujours recommencée, des plaies de l'éphémère et de l'héritage du durable.

L'androsace helvétique.

Les lacs Jumeaux

Tous les lacs sont jumeaux de ceux, intérieurs, qui prennent forme, s'épanouissent, se recomposent dans les terres fertiles des rêves de pêcheurs.
Tous les lacs sont jumeaux, semblables du réel au supposé, porteurs de leur part de secret.
Le pêcheur déchiffre d'un "regard-Braille" le reflet, l'insecte à la dérive, la cache et l'attente du poisson imaginé, sorte de monstre qui s'enfle

Truites et lacs des Écrins, une histoire et une seule origine : l'alevinage.

sous l'effet-loupe de l'imaginaire et des eaux.
Choix des appâts, choix des techniques ne sont que les réponses banales à tout un travail d'interprétation, de pressenti, d'échafaudé et d'analyse qui est une écriture du monde des abîmes célestes et lacustres.
Profondeurs abyssales des cieux, infinis du secret des eaux, rien n'arrête le pêcheur des lacs de montagne, pas plus l'universel que l'invisible, pas plus l'indéchiffrable que l'insondable.
C'est pourquoi il confie aux aubes et couchants ses infimes messageries, appâts de peu lancés en arabesques folles pour l'éclair et l'éclat d'un signe en manière de réponse.
Son double imaginaire, c'est la truite ou l'omble, c'est pourquoi il se tient en retrait, fuyant son image et même l'ombre de son image. Il s'abstrait ; il se fait mouche pour faire mouche.
Ce n'est que sur le départ que le pêcheur accoste en une sorte de salut ou de "à la prochaine" cédant la place aux pataugeurs, lanceurs de pierres et parfois cavaliers rêvant d'espace.
Pégase n'est pas loin dans cette visions siamoise du ciel qu'offrent les lacs jumeaux.

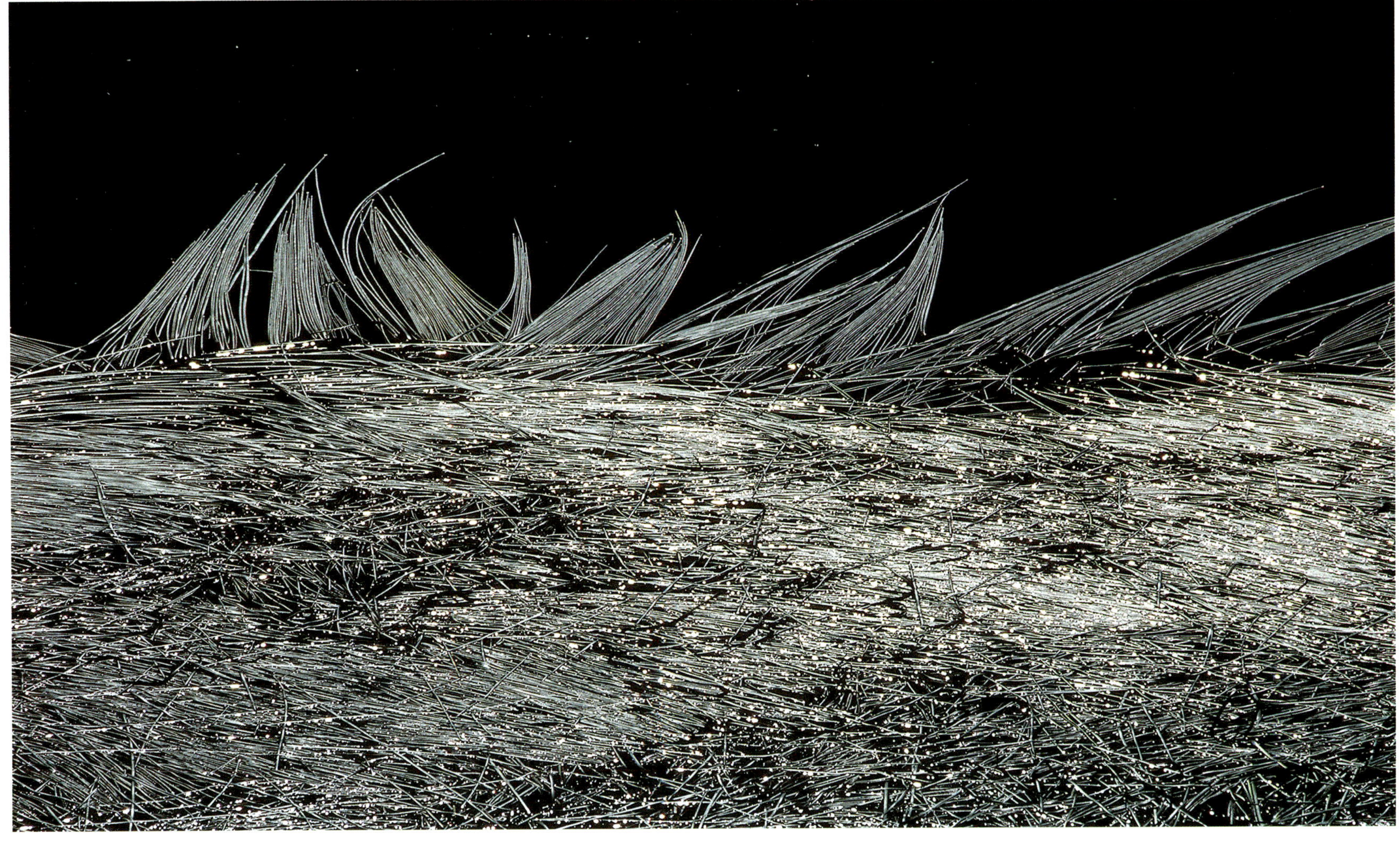

Le lac des Sirènes

Chaussures de rosée, tant et tant de fois chaussées pour la quête de quelques signes évocateurs de sirènes, sans le moindre succès, il a fait cette ultime tentative.
Si reine il y a, elle peut être crépusculaire, son chant lunaire s'élève peut-être les soirs de lune pleine poussant guetteurs d'étoiles et chasseurs d'harmonie vers le terril de la nuit du lac des Sirènes.
Ici, dans la montée lente de la lune et la descente incandescente du jour, l'œil noir, géant, indescriptible, répond à la contemplation assidue et inquiète du photographe.
Œil pour œil, œil de nuit, œil audible que le moindre clapotis fait ciller, œil écoute, foin des sonnailles et bêlements, foin d'un bazar... tire-fessier, œil écoute en même temps que la mémoire fouille et cherche comment six reines peuvent s'échouer ici sinon par la vision et le désir de vision de quelque berger à l'esquif imaginatif.
Mais qui mieux que le lac peut dire le silence des Sirènes.
La paix vient d'ici. Les Sirènes se sont tues, une montagne de charbon s'habille du ricil de la nuit. L'œil est noir de mémoire.

Le lac Jujal

Le premier tintement de sonnaille le met en éveil. C'est l'heure, l'heure de mettre en marche le troupeau. Brouter l'herbe de rosée, tout est là, à quelques pas des nappes de soleil.
Être pas dans pas dans cette marche astronomique au point de rencontre précis dont il peut dire, à la pierre près, le périple.
Une fois encore lisser l'étoffe des prés, conforter, égaliser maille à maille ce tissu d'altitude tout ravaudé de pierres et gagner l'épaule d'un versant.
Là, attendre confiant l'avancée du soleil. Poser son menton sur le bâton cosmologique qui règle la marche de la terre, du soleil, des moutons et des fleurs et regarder une fois encore frissonner cette vie qu'il vénère, qu'il honore, caresse d'un regard jamais las.
Lire le désir de la terre, taire le sien propre, remonter gorges, mamelons jusqu'au nombril du monde, Jujal pulse de jour nouveau.
Le berger accouche une aube d'herbe rase et rince de lumière ce grand corps printanier.

Le lac de l'Estang

Sous ses allures de lac du dimanche, il trompe son monde, fait de l'épate aux groupes de promeneurs qui s'essaient à faire venir l'été avant l'heure, et s'amenuise au point de n'être plus qu'un nappage entre les blocs dès la fin août. La large bande sombre qui l'enserre est la dernière preuve de ce plantureux printemps qui le fit lac, n'étant que flaque.

Mais ce serait faire peu de cas des capacités de transformation du lac de l'Estang qui associe un demi-cercle de pierres et de blocs à son équivalent d'herbe rase, de pelouse. Son goût pour le rassemblement des extrêmes, il le pousse jusqu'à associer le Sirac à la modeste Pousterle, sa bienfaitrice. De même, jouant à la marelle de pierre en pierre au-dessus d'une eau sombre de tout un limon déposé, vous n'éviterez pas, c'est couru, une catastrophe bénigne due à quelque pierre à bascule qui vous fera voir l'eau et ses secrets d'un peu plus près. Les alluvions retombées, les remugles à peu près évanouis, ne demeure que la panique des tritons alpestres insoupçonnés jusqu'ici dans leur immobilité de pierre. Ainsi, il arrive que des géants soient vides et creux de trop de prestige quand de simples cuvettes s'affirment magiciennes.

Le triton alpestre est présent dans le sud du massif des Écrins.

Le lac de la Confrérie

Tout point d'eau est rassemblement.
Les bêtes et les pierres se sont donné rendez-vous, elles font cercle autour du lac, elles entament un rituel du plein midi qui appelle l'eau. Feignant l'indifférence, les vaches à pas lents, le geste au ralenti, entrent dans l'eau jusqu'aux genoux, se mirent dans l'eau du ciel, attentives à ne rien troubler, à ne provoquer ni onde, ni ride qui sont insultes à cet arrêt zénithal du temps.
Le regard paresse avec elles et avec la longue file immobile des nuages bas qui habillent l'horizon.
L'herbe va à la bouche, les yeux s'abandonnent dans l'azur et dans la pâle montée des vapeurs édredonnes.
Un peuple de criquets, de sauterelles, de cicindèles, de mouches agace l'oreille, dévore les pieds trop prompts à se dénuder.
Les yeux réouverts, tout a changé, la lumière s'est éteinte, il fait froid, il fait vide.
Monter le bivouac rassurerait un peu. On est dans la fragilité du retour au réel. Le soir ramène la paix.
La Confrérie des lacs reprend sens.

Grenouille rousse.
Plus elle est haut, plus l'urgence de la vie la pousse vers l'eau.

Le lac de Revire Souléou

Nous aussi ce soir là nous allions être sur l'envers du soleil. Un palabre de quelques heures avec le berger et un pastis fait maison avaient rapidement eu raison des vagues notions de lieu et d'orientation que nous pensions posséder, les raisons même de notre bivouac dans ce grand alpage de Chargès s'étaient évanouies. En fait de repérage, nous avions été conquis par ce personnage comme on l'est de toute personne hors du commun, animée par une philosophie originale, bien trempée et parfaitement adaptée au mode de vie qu'impose la garde d'un alpage. Bien sûr demeurait lancinante la question de l'œuf et de la poule qui, rapportée à la philosophie et au mode de vie... pouvait se poser. Henri, donc, respectait la règle, il la confortait même. À nos interrogations sur les montagnes, les passages, les abris que nous connaissions bien pour les parcourir souvent en quête d'impressions nouvelles, Henri se tapait sur les cuisses avec des bordées d'injures, preuve de son admiration pour ces Parisiens, ce que nous devions à jamais rester à ses yeux. À cela, le pastis ne changea rien. Quant à notre recherche d'un lac dans les environs, il n'y en avait pas et c'était sans réplique. Négligeant une mare qui ne répondait pas, à juste titre, à notre recherche, il nous assura que rien de tel nexistait et, devant notre insistance, nous assura que ce n'était pas de foutus bon dieu de Parisiens qui le contrediraient sur ce point. Nous avons donc regagné en quadrupèdes l'emplacement de notre bivouac, confiant à demain le soin d'une vérification. À têtu, têtu et demi. C'est ainsi que naquit, de façon abusive, le lac de Revire Souléou à ne pas confondre avec ce qui ne saurait être un conseil ou un mot d'ordre : « Revivre ? Saoulez-vous ! »
Le levant entre pointe de Serre et Mourre-Froid donna raison à chacun, mais nous y verrons toujours cette aube magnifique sur des continents de glace à la dérive. Chaque pierre qui s'est allumée ce matin-là fut notre manière un peu parisienne de dire adieu à notre berger vedette.

Sur un aster des Alpes, un couple de soucis.

Le lac Reyna

Plusieurs fois il avait fallu remettre cette rencontre avec le lac Reyna : appel d'un ailleurs, le trop couru plateau de Charnière à Prapic, pas assez de courage pour tenter l'aventure côté Gourniers... Orages annoncés avec refroidissement. Décidément Reyna attirait les précipitations et retardait la nôtre, soit que son nom rappelle sa partie liée avec les grenouilles (Rana), soit qu'un vague souvenir homophonique rappelle cette météo toute anglaise qu'est la pluie (rain). Donc les choses, encore une fois, ne s'annonçaient pas très bien. Autant faire vite, aussi vite que le Laïre qui sauta, dit-on, le Drac au resserrement désormais célèbre dont la passerelle permet de mesurer l'audace et la détermination. Le lac, juste derrière le col, attisait cette envie d'aller vite qui est bien souvent le pire des défis qu'on se puisse lancer. C'est pourquoi Reyna demeure le souvenir d'une poche de résistance. À portée du regard, le col disparaît bientôt dans brumes et nuages. Flocons et vent tournoyaient, malins en diable comme pour rappeler qui fixe les règles du jeu. L'arrivée au col dans ces conditions redonnait à "l'Homme" sa stature. Le temps d'un coup de vent, Reyna apparut, bel à-plat vert dans un décor de premières neiges où pierres et reliefs semblent forcer le trait. Pointe Reyna et Garabrut voudraient s'évanouir dans le tourbillon des brumes, fantômes sans pouvoir, coquille de pâle nacre offrant l'huître cillée de blanc comme ultime friandise visuelle, vivante avant la retombée du couvercle de l'hiver.

Le lac Brun

Terres anonymes que celles du lac Brun.
Des crêtes émergent en gradins successifs des pelouses d'altitude. Désordres des strates sédimentaires, reliefs bousculés, plissements, empilements, écroulements, toute une vaisselle sale tient en équilibre, magie et miracle de la nuit des temps qu'hante le lagopède au cri de pierres brisées.
Le torrent de Reyssas et le col disent assez cette présence de pierre.
Partage d'ombre et de lumière, la ligne de crêtes est ici accessible, elle est une invitation permanente au parcours de terres ouvertes sur les confins du sud. On y devient assez facilement le grand cairn ordonnateur de la marche du jour.
Gagné par l'esprit de conquête qui, ici, fait plus appel à l'équilibre qu'aux crampons, chacun passera peut-être à côté du lac Brun, ce timide, ce modeste, caché entre crête de Cordellias et vallon de la Baume.
Un lac en mezzanine qui fait caresser l'espoir à tout randonneur photographe d'un emboîtement visuel avec Serre-Ponçon, quelque 1 500 m plus bas. Mais, au parcours de ces cirques de pierre, on aura peut-être le sentiment d'une répétition. Tout comme les helminthes ont gravé dans la vase faite flysch le lacis de leurs déplacements, le randonneur inscrit ses infimes parcours de crêtes entre un ciel et une terre

au repos. Un soleil tombe dans l'écran noir d'une nuit proche, il rappelle l'œil rond du cœur des fleurs en lutte avec la pierre, le vent. Il est la permanence fragile qui s'éteint. Un fil de nuages passe et Dali et Bunuel accourent avec leurs fantasmes, Rimbaud aussi et son "Soleil noir cou coupé".

Le lac de l'Hivernet

Hivernet, Arpion, Chanteperdrix, Tissap. Des lignes de crêtes contiennent la montée du jour et des brumes, orchestrent vallées et vallons suspendus entre Rabioux et Réallon. Chaque montagne a son heure, chaque montagne se fait son cinéma et examine sa silhouette sur l'écran de pelouse et de pierre du versant d'en face.
Le berger drapé de haute solitude regarde cette progression. Une fois encore, il suit cette avancée du jour, la mort programmée de l'ombre. Il sait le temps des choses, il sait quand elles s'éteignent, c'est ce qui le place hors du temps, hors du monde. Son troupeau est une forme, le lac de l'Hivernet une autre, la fourrure des sphaignes, des ajoncs une autre encore. Tout cela bouge, se transforme selon un temps qui n'est plus de ce monde. Il est le regard-cairn de ces modifications infimes et progressives qui font le cycle des saisons, boudent ceux de la vie. Il est le dernier nomade et pourtant l'immobile observateur de la montée de l'herbe et du retrait des neiges. Son histoire se résume à un nom, une date, gravés sur une pierre. Des siècles d'avancées et de poussées glaciaires, de retraits et de crues ont dessiné eux aussi des cartes, des isolats, des loupes de permanences végétales.
La Bérardie laineuse en est la preuve, plus têtue que la pierre, plus robuste que la glace. Elle est comme le berger ancré à la pierre, un pivot de mémoire dans la mâchoire des terres embrunaises.

Le lac du Laus

C'est un marginal.
Un lac du bord des crêtes et des ravines, empilements et roches en ruines si représentatives des montagnes embrunaises, de la Diablée à Vautisse.
C'est un point d'eau dans un rond d'herbe rase où les moutons se rassemblent pour boire et chaumer.
C'est un ras bord d'où le regard ricoche sur les falaises du Couleau.
La plongée grise, c'est dans l'ombre et la roche, dans le creux d'abîme sombre que découpe la bordure de roche du lac du Laus.
La nuit est prometteuse.
Qui viendrait, en cette cuvette suspendue, d'autre que l'arpenteur des crêtes de Fouran, de Prénetz ou le chasseur impénitent, fin et secret connaisseur du ravin du lac et de ses passages aériens et piégeux ?
La nuit donc s'annonçait secrète, resserrée dans l'intime conque du lac du Laus.
Hélas ! Glapissements de renardeaux et réprimandes des parents ont peuplé cette nuit de rêves, de réveils, de cauchemars tous inspirés par ces cris, plus pleurs que réprobations, plus plaintes que révoltes, plus suppliques que réclamations.
Toute une enfance maltraitée rassemblée là pour une reconstitution de l'insoutenable, évaporée à la moindre alerte.
Du moins les verrons-nous batifoler dans la lueur d'une aube naissante.

Le lac de la Dent

Une modeste pièce de neige concentre tous les regards, elle est la cible des projections de lumière et d'eau. Quelque chose est en train de s'accomplir. Tout est trop convergent pour être honnête. Éboulis étirés de force gravitaire, lignes et strates des flyschs embrunais, bonde gonflée de nuées électriques, trappe d'eau lâchée pour désamorcer le huis clos des éléments. Le lac de la Dent est au bord de cette gueule ouverte, muette de trop de forces accumulées pour un déferlement qu'on pressent disproportionné. L'imminence de l'assaut, le silence régnant poussent à la fuite. Le lac choisit le camouflage, l'évacuation n'étant pas assez rapide. Quelque chose se joue qui est de l'ordre de l'urgence, l'air est de poudre, l'imminence tenaille le regard et l'immobilité du silence est à peine soutenable. Déflagrations que nous ne saurons pas.

Le lac du Distroit

Gros temps. On dirait un tableau deTurner, ses marines déchaînées. Les vagues écument, couvertes de l'étole des pouvoirs qui vacillent.
Le temps n'est plus à l'illusion, aux apparats, aux apparences...
L'œil appareille à la source de la lumière.
Distroit. Trou dans la toile ? Tache ? Création pure ?
On déchire la toile inaugurale des brumes et nuées pour une autre, l'autre.
Un ciel, des éléments qui s'échauffent et jouent à l'apocalypse. Au fond un décor à l'Antique, une lumière christique suffisent à rappeler, jusqu'à l'écœurement, l'amoncellement des scènes bibliques et le cortège des miracles, des batailles, des cieux, tellement chargés que les dieux s'imposent un passage sur terre ou sur mer.
Les troupes sont imminentes.
L'horreur d'un massacre des Innocents, d'une bataille marine, d'un combat de saint et de démon va s'imposer à ce déchaînement des éléments.
Cette permanence de l'imminent, c'est le Distroit.
Le souffle des bêtes sauvages, dans l'air électrique, tourne autour du bivouac sommaire.
C'est à qui sera l'aveugle le plus sûr. Et la lumière fut.

Cascade de la Pisse, vallée du Rabioux.

Le lac Trouble

C'est une montagne d'avant la montagne, un vaste ensemble de forêts et d'alpages dominé par la Tête de Vautisse. C'est un balcon sur la Durance bien connu des grimpeurs et randonneurs de toutes saisons. C'est surtout un ensemble pastoral qui accueille d'importants troupeaux transhumants qui montent encore à pied depuis Saint-Crépin avec ânes et bagages. C'est une architecture de montagne habitable qui associe, à ces balcons steppiques, de vastes terrasses en étages et gradins successifs, d'abord forestiers, puis de pelouses, d'éboulis et de pierriers enfin, jusqu'à ce préau d'avant les grands sommets du massif qu'est Tête Vautisse. Au printemps, les derniers arbres d'altitude ponctuent des massifs entiers de rhododendrons. Croupes et courbes s'habillent de dryades, de soldanelles et de pensées et ménagent secrets et surprises. Le lac Trouble en est un des temps forts, tout premier miroir du Pelvoux, une fois dépassée la Tête de Gaulent. Lac de peu, il devient un paradis de bivouac familial, un lieu d'initiation où la marche du jour et celle des troupeaux enchantent de sonnailles aubes et couchants. Tout un paysage de laine rincé d'eau et de lumière s'éveille avec les grands yeux des enfants bouche bée devant la toilette du monde. Plus tard, plus haut, vers les crêtes des terres noires ou des Prénetz, un envol de perdrix blanches inscrira ce premier campement sous les étoiles parmi les expériences inoubliables. Désormais, la montagne a au moins un visage.

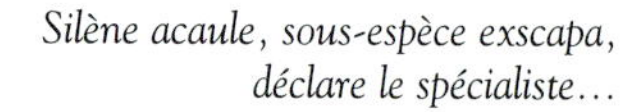

Silène acaule, sous-espèce exscapa, déclare le spécialiste...

Le lac Étoilé

C'est la Terre à l'envers. Des lacs en archipel étagent et étayent la montée à Vautisse. Le torrent de Feyssoles dit assez, à qui fréquente les toponymes, cette progression en ressauts où chaque bande de terre accueille pelouse et lac.
Quand le regard et le pied se seront lassés de ces successions d'herbe rase et de pierriers, il suffira de se retourner.
Deux récifs émergeront de l'océan des nuées, Rochebrune et Viso. Dès lors, les crêtes répétées affleurent, affluent avec le grand mouvement des brumes et déclinent un nuancier de bleus rares qui donnent corps à la lumière.
Le lac Étoilé s'en émeut et allume à son tour, dans la nuit des Terres Noires, ses eaux incandescentes.
Plus sobre, mais combien tendre aussi, l'infime frise des limites forestières qui courent de Roc Charnier au col de Tramouillon.
Contiendra-t-elle longtemps encore la grande poussée du jour ?
Saura-t-elle garder le secret des animaux timides et sauvages que le gardien des lieux est seul à avoir amadoués.
Robert s'y emploie, ne s'autorisant que quelques visites au lièvre blanc de Clos Lafont.
À cet instant, mais c'est si souvent le cas, deux mondes s'observent dans un parfait équilibre des forces et il est impossible de prendre parti.
Les deux attirent, les deux fascinent.
La flaque du lac Trouble, plus bas, est bien seule, privée peut-être de cette parfaite partition de l'espace et de la lumière.

Massif de rhododendrons, magnifique habitat pour tétras-lyre…

Le lac du Fangeas

Ralentissement, pause, méandre sculpté dans l'étoffe d'un alpage émaillé de motifs de pierre, le lac du Fangeas est plus un changement de rythme, un assagissement du torrent de Ruffy qu'une eau close. Tout au plus la fin d'une rumeur pour le privilège d'une réflexion appesantie sur Dormillouse et son histoire peu commune.
Au début de l'été, il y a la course à l'eau et à la vie des grenouilles rousses. Elles nous détourneront un moment des gens de Dormillouse, lignée d'habitants hors du commun. Dormillouse, mythique chaudron d'âmes aussi singulières que promptes à l'échauffement. Vu du Fangeas, le village paraît si fragile et le lieu de vie si improbable, qu'on ne peut que sourire de la similitude des contraintes, des règles et enjeux. De tout cela, le Fangeas ne dit rien, c'est le temps du silence.
Tant de passées d'aubes, tant de bivouacs et d'approches nocturnes prirent en étau étagnes et éterlous au petit jour que le Fangeas dut choisir son camp, et ce fut celui du silence avant les révoltes en cascades. Ainsi voyagent les nouvelles d'en haut et les vagues de rumeurs, vagues des quartiers d'août ou du pré au Bouc. Orpailleur des neiges, des pierres et des vents, le lac du Fangeas est comme un tamis en quête de joyau et Dormillouse demeure son unique pépite.

Le lac Lauzeron

Entre adroit et ubac de Chichin, bien au-dessus de Dormillouse en vallée de Freissinières, le torrent de Grande Eau paresse comme inquiet de son proche changement d'identité, de régime.
Passé Dormillouse, rugissements d'Oulles et spectaculaires précipités de cascades annoncent à grand fracas la naissance de la Biaysse.
Qui ne réfléchirait à deux fois avant de quitter cette paix de l'aube gardée par les mufles sombres de deux montagnes de nuit, molosses couchés aux gueules posées sur l'horizon ?
Le jour est une proie, il s'applique à poindre.
L'eau teintée de promesse découvre les pierres comme autant de corps morts rejetés à la grève, irradiés, saisis par cet incendie de ciel et d'eau.
Naufrage ?
Plutôt vaste supercherie, qu'une clarté radieuse dévoilera bien vite, révélant des matières, des lignes, des formes, des reflets, des distances et tout un mobilier connu de pierriers, de pelouses, de strates rocheuses, contreforts de Jaline ou de Grand Pinier.
Un changement d'échelle s'est opéré, chaque aube est la naissance probable du monde et un temps son arrêt, chaque jour, en revanche, poursuit son inventaire des lieux communs.
Début et fin, jour et nuit, question de questions.

Le lac de Palluel

Le lac de Palluel est construit de tous les récits de pierre et d'eau du Val de Freissinières.
Déjà Gourfouran, tout en bas, dit la lame et l'entaille dans les moraines du temps.
À Freissinières, la Biaysse volubile, pleine d'éloquence, charrie paroles de rues, de rus et de torrents. Récitant dépositaire des conquêtes et désertions des hommes, le torrent répète de saison à saison l'espoir, le secret, l'entêtement, le déclin et le renouveau.
Fluide analyse du temps présent, audible seulement du cincle et de la bergeronnette. La flèche du martin-pêcheur a d'autres cibles que la mise en bec d'un récit qu'il aurait su rendre coloré et direct si ce n'était l'urgence de la couvée. Les murmures, les messes basses, les confidences, les mille historiettes des Violins, des Mensals, des Aujards, des Robert, de Dormillouse et de tant d'autres ont d'abord été emphases en cascades, récits épiques aux chutes spectaculaires de Fangeas à Chichin.
Remontant le "dit" et le "cours", en captif des paroles de laine du vent dans les aiguilles de mélèze, on est comme assommé par le Grand Dictionnaire de Palluel, coffre des mots, des rêves et des mythes. On dit et redit son écriture profonde et trouble, le miroitement de ses inversions, inventions verbales. On suit à la lettre le scintillement de cette langue mûrie de roches. On est à jamais l'insatiable lecteur des clapotis du jour, à jamais observateur impatient des chauds panégyriques du couchant, des contes des mille et une nuits entièrement dédiés au Grand Pinier, le maître des lieux.

Le lac du Faravel

Quoi de plus naturel qu'une vue plongeante quand il s'agit d'un lac. Faravel partout résiste, oppose sa platitude, sa découpe que rien n'évoque, accueillant, rejetant avec belle indifférence apports d'eau et coulée de pierre. Refus de ce vocabulaire de quincaillerie où bassins et cuvettes ne sont que le début d'une auge dont un simple verrou fait office de déversoir. Non, Faravel ne se réclame pas de cette sensibilité ustensilaire. En bon graphiste, c'est aux lignes qu'il accorde tout son talent. Nervures des ruisselets rassemblés en chignon à la nuque du lac, c'est en méandres qu'il réinsuffle cet élément liquide, encre libérée, belle écriture libératrice des pierres et des rotondités. Il aura choisi cette mise à plat pour donner toute sa force à la haute mer qui lui fait face. La première vague immense et pétrifiée, c'est Gramuzat, sombre de tout le poids de cet abattement suspendu, différé. À l'arrière, d'autres vagues encore accourent du plus loin que le regard puisse porter : des vagues sont, debout hors d'écume, hors d'haleine, dans l'attente d'un signe. On se prend à rêver sur le sens de Faravel... Caravelle ? Phare à Vel (vel signifiant voile) ou phare aval. La toponymie de l'instant a aussi ses charmes et le sens de l'à-peu-près.

Le lac du Lauzeron

Être sur l'Envers de tout. Être dans un alpage suspendu, tendu entre Gramuzat et Vautisse, c'est flotter, lointain parmi les lointains, anonyme, temporaire, insoupçonné comme le petit lac du Lauzeron, dernier creux avant le basculement vertigineux sur Freissinières.
À l'opposé, l'envers de Vautisse est comme une main courante sur laquelle le regard se repose en confiance.
La marche de l'herbe descendue, les pieds s'appliquent, réguliers, à inscrire leur empreinte.
Voie unique, sacrilège, comme l'est celle de tout aventurier.
Ici, ce n'est que manière d'évasion, que façon de mettre à mal un sol de poussière, atopique sans conviction.
Les moindres événements s'y trouvent figés, fossilisation en marche des victimes de la boue ou leurs traces : libellules, grenouilles, jusqu'aux traces des chasseurs de l'aube et du couchant.
Dessous, tout l'alpage s'égaie des sonnailles de deux troupeaux gardés. Elle et lui bergers... Une cabane chacun, trois à quatre chiens chacun aussi et toute cette musique pastorale, qui n'est pas symphonie, mais message immédiatement enregistré, décodé par l'un, par l'autre.
Le paysage sonore, ça existe, il faut juste que le compositeur et l'auditeur aient tout partagé...

Le lac des Lauzes

La renouée amphibie sort la tête de l'eau.

Ça pourrait s'appeler un dimanche à la campagne tant col et lac des Lauzes se prêtent à la flânerie.
Quand l'illusion d'avoir épuisé les ressources de la vallée de Freissinières sert d'excuse, quand le temps manque, quand une distance est nécessaire, une promenade au col et au lac des Lauzes est une diversion de choix. Le lac promis se présente le plus souvent comme un beau champ de potamot d'un vert luxuriant. Concerts d'oiseaux et escouades de libellules aux ailes de papier donnent le ton. Les crêtes en plateaux déboulent sur des à-pics, des points de vue, des lointains bleutés d'où émerge la hardiesse de quelques pins reposoirs à rapaces.
Un aigle royal vous honorera peut-être de son envol et de ses orbes si parfaites qu'il semble juste faire un signe de ses rémiges bien écartées. Regardez comme c'est facile !
Une autre splendeur est le surplace inquisiteur de certaines libellules, comme aimantées par votre présence, qui font mine de partir pour mieux revenir.
Il y a toutes les autres, les pressées qui filent comme des flèches, les vols en couples dans des postures à faire pâlir d'audace.
Il y a toute la vie du lac sous l'eau, sur l'eau, sur les plantes d'eau.
Il y a les floraisons des potamots, grands bouquets horizontaux de fleurs roses qui jouent avec lumière, reflets et scintillements.
Il y a la vie de ces grands points d'eau sans zèbre ni gazelle ni lion mais lieu de rendez-vous suffisant pourtant pour garantir de grandes émotions si une nuit vous tente au lac des Lauzes.

Le lac de la Grande Cabane

Avant de partir pour la Grande Cabane et son lac, faites le plein.
Emplissez-vous de fragilité, de luxuriance, buvez aux corolles, aux pétales, aux involucres.
Poudrez-vous le nez aux étamines des lis, roulez votre regard dans les ombelles, les clochettes et la haute lignée des fleurs forestières, des fleurs des prairies de fauche. Quand ni parfums, ni couleurs, ni parterre, n'exerceront plus d'irrésistibles attraits, approchez, approchez des champs améthystes de reines des Alpes.
À hauteur des têtes couronnées admirez les dentelles d'acier qui protègent un cœur floral pris d'assaut par abeilles et papillons.
Plongez dans ce bleu du ciel fait plante et gardez vivace cette profusion de rareté.
Vous en aurez besoin.
La Grande Cabane est encore à bonne distance et la pelouse est désormais l'unique ritournelle.
Le grand lithage des roches de Tête Bertrand vous accompagne. Avec lui, voguez jusqu'au lac de la Grande Cabane.
Ne posez pas de question au berger à propos de la mise en défends des berges. Il n'y répondra pas malgré la consonance. Son troupeau bêlant lui suffit et vous rejoindrez vite un troupeau d'une autre nature qu'il a tôt fait de qualifier des moins aimables sobriquets. Une autre rareté vit dans ces zones humides : la potentille du Dauphiné.
Mais le vallon du Fournel en recèle tant et tant qu'il est à lui seul une mine végétale, minérale et humaine.

La reine des Alpes, une composée improprement appelée chardon bleu.

Les lacs des Sagnes,

de Charbonnières, des Lauzes et des Poutilles

Entre Vallouise et Fournel, dans une ambiance de mélézein incomparable, quatre lacs déclinent toutes les nuances de vert d'une végétation qui porte "aux Têtes".

Comment ne pas deviner la force des reconquêtes et le profit tiré d'une telle présence de l'eau ?
On en devine l'impérieux besoin au sortir de l'hiver, et cette urgence conduira à l'assèchement de ces combes accumulatrices de fontes et d'orages, avant août venu.
Rien ne saurait égaler cette fin d'hiver qui a largement entamé le printemps. Les lambeaux de neige cèdent à la poussée d'éclosions végétales, irrésistibles, en l'honneur des amours bruyantes des tétras et des lagopèdes.
Vert tendre des mélèzes, lichens soufres envahissant les troncs, plantes-poison aux

puissantes capacités tinctoriales, grandes bandes roses des massifs d'épilobes. Les quatre lacs du col de la Pousterle sont d'abord et avant tout un formidable lieu de rendez-vous de la vie.
En poussant jusqu'au sommet des Têtes, peut-être trouverez-vous la ronde assiette creuse des Poutilles au centre d'une nappe toute neuve. C'est que la table est mise pour les grands, sorte de rencontre au sommet. Montbrison, Clousis, Agneaux, Grande Sagne, Pelvoux, pic Sans Nom, Ailefroide, on n'en finirait pas de nommer des pays et leurs personnages dominants, tandis qu'à l'ouest, de grands mélèzes desséchés, tels des Don Quichotte hiératiques, battent l'air dans l'urgence de quelque secret du Fournel à faire partager.

Le lac des Hermes

C'est un lac forestier, une étendue d'eau qui se hausse chaque printemps pour apercevoir, une fois encore, le glacier des Violettes, précurseur de l'aube, rare lampe à s'allumer au chevet du jour.
Le végétal mange l'eau décade après décade. Sphaignes, prelles, joncs, ajoncs, typhas, roseaux, massettes et autres potamots colonisent les berges, créent peu à peu un sol acceptable pour des plantes moins inféodées à l'eau.
Le cercle d'eau se resserre chaque année un peu plus, diaphragme de plus en plus fermé pour toujours plus de perspective, de profondeur de champ, de précision.
L'acuité vient avec l'urgence, la lucidité avec l'imminence de la disparition. Que nous dirait le lac si nous savions l'écouter ? Il parlerait d'accélération des aménagements qui permet à la voiture de supplanter le marcheur et la route le sentier.
Au déjeuner, sur l'herbe s'impose l'aire de pique-nique et les déferlements de matériel et de victuailles.
Dans ces conditions, il est difficile de garder à ces jeux de crêtes, tout juste émergeantes des forêts, un air de naturel, difficile de conserver ces territoires comme des trésors de nature, comme des habitats prisés par le tétras-lyre, maître des lieux il n'y a pas si longtemps encore.
La montagne pour le plus grand nombre, c'est possible, mais pas avec voiture, bagages, portables et tout le barda bruyant et disharmonieux qui nourrit la névrose consommatoire.
Un groupe de demoiselles, les sœurs Bistortes, des renouées aux coiffes vieux rose un rien suranné, semblent guetter, par delà le lac et la lisière, la venue d'un prince à coup sûr charmant, délesté de tout cet attirail de la modernité de pacotille, dépareillé avant que d'être.
C'est un conte à l'envers dans lequel le prince charmant se réveillera avec le naturel et la simplicité et conduira sa belle au col du Bal, dans Narreyroux heureusement épargné.
Quand la vie danse, l'homme est sauf.

Le lac des Neyzets

Il y a comme une dramatisation du site. Travail sur la complexité des lignes et sur le contraste du noir et blanc.
Paysage faisant référence aux grands lieux de l'esclavage de l'homme par l'homme où tout est dur, sale, latent, brutal.
Ici c'est plus une manière d'esthétisme, une façon d'appuyer sur le jeu des matières. Le ciel ne convainc pas. La neige elle-même, molle, assoupie, n'a pas le caractère implacable du lac, pâle lumière et dentelle de glace, où tout s'aiguise à la pierre centrale et proche.
L'œil cherche la composition d'un soleil de nuit, puissant comme la lampe des interrogatoires. Tout chavire, l'œil fixe inquisiteur tournoie dans l'espace qui hésite entre profondeur de ciel et abysses, alors que, juste à côté, une pierre tire sur sa corde pour aller se pendre ou se noyer ailleurs. Des alarmes déchirent ce jour sale que le vert fumé d'une eau à peine emprise parvient à sauver.
Force des compositions, force des évocations, aliénation à une esthétique de l'image qui, de la pierre au col, traverse les strates de la photographie, du reportage social au minimalisme.

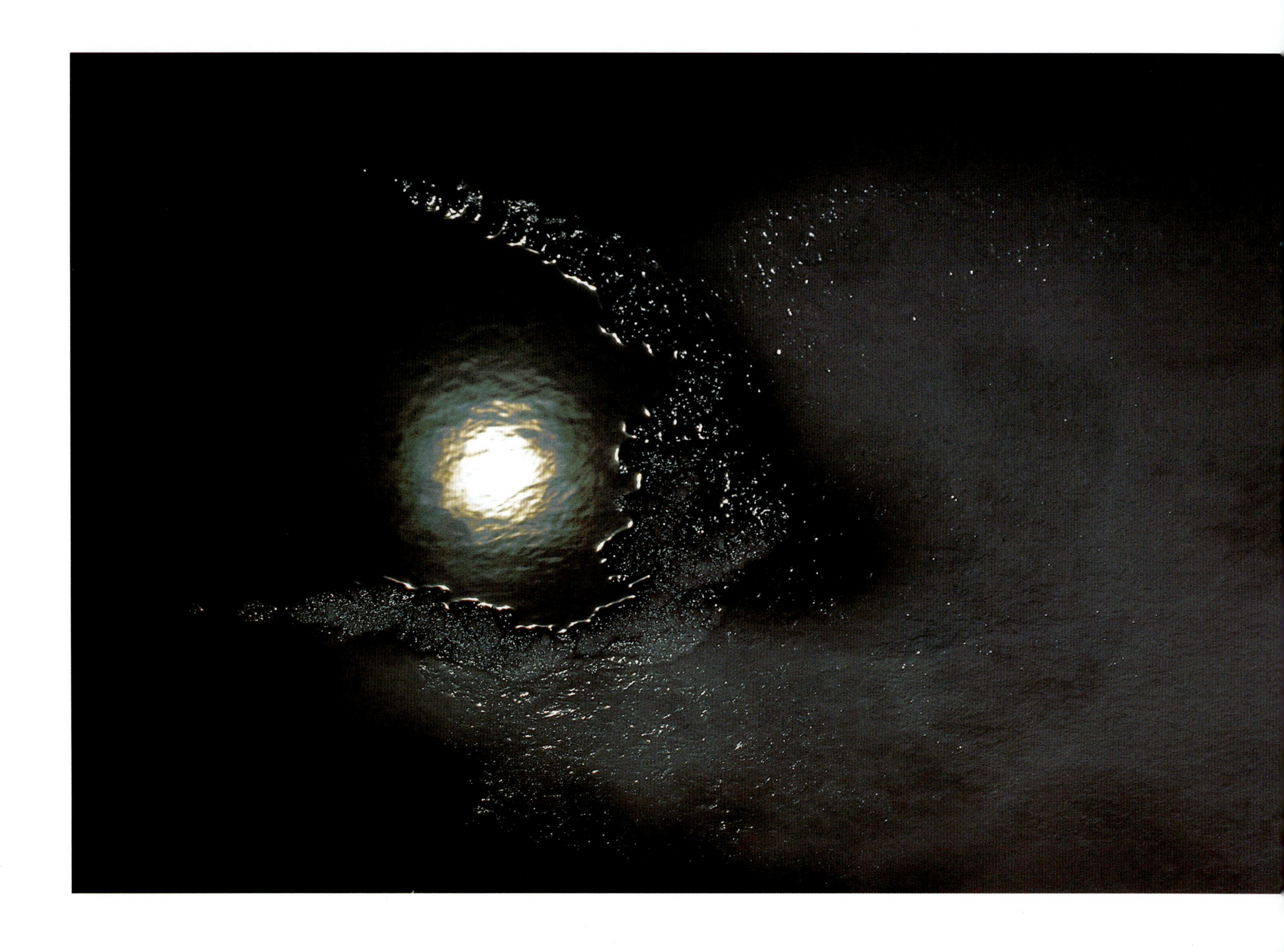

La “Pierre au Col”, voilà bien le lac des Neyzets, un lieu à faire rouir le chanvre dont on fait les cordes. Tout se noue et tourne autour d’un interrogatoire de soi à soi qui a le soleil noir pour juge, témoin et spectre de la lumière.

Hermine en habits de plein été.

Le Lac de Puy Aillaud

Sur la carte, c'est un point bien rond, une mouche, un grain de beauté posé sur la face ravagée d'une montagne. Cuir des grands espaces, cette texture du Pelvoux, du pic Sans Nom, crevassée par le gel, la glace et les mauvais traitements.
Bord des lèvres ou fossette, la crête de la Blanche contemple les ravages du temps.
Le lac de Puy Aillaud, modeste, ne saurait se risquer à jouer au miroir des grands. Le rond d'eau verte, retenu entre pelouse et roc, a bien assez de la dent du Lac, ce cairn naturel d'un rouille éclatant balafré de lichens fluorescents. Son propos est ailleurs, dans la quiétude du jour peut-être que goûtent cinq truites bien en rang dans l'attente vaine d'une eau renouvelée. C'est ce que pourrait croire un promeneur blasé, pressé de gagner le sommet de la Rouya la bien nommée. À celui qui aura pour projet la calme contemplation du mont Brison, à celui-là nous promettons l'explosion d'une aurore incendiée et fugace. L'ombre vaste du soir nous avait avertis avec son feu follet insatiable et joueur.
L'hermine fit ce qu'elle put, plus d'une heure durant, effaçant les urgences d'un bivouac de fortune.
Voilà comment, oubliant les grands noms, une simple vasque prend sa revanche et met à feu et à sang un jour à peine naissant.
Passez, passants qui les modestes ignorent.

Le lac de l'Eychauda

Un roc sort de l'eau, l'autre déchire le ciel. Tout est immobile. Des névés se dédoublent pour une illusion de grandeur quand la perfection est dans le reflet.

Un reste de banquise, hilare, jette un sort au nom de l'Eychauda affrontant le point d'incandescence d'un ciel, d'une eau, d'un exutoire chauffés à blanc par l'imminence de la lumière. Chocs des ambiances, violences des climats, cynisme de la glace, immortalité des pierres. On a tourné la page, et le dos à la Coste du Laou, ce pierrier de fleurs, cette volière à papillons, ce jardin de pierre. Plus que verrou, le passage est de matière. Pierre et glace se mirent, on ne sait qui interroge le miroir de l'Eychauda sur sa beauté inégalable mais blanche neige a choisi la fuite, le retrait, l'inaccessibilité, son cœur saigne quelques larmes que retient le rocher. Le rire est sorcier, il ricoche en écho de pierres en parois. Aucune sirène ne viendra sécher sa chevelure sur cette pierre des sarcasmes.

Le lac Tuckett

Aujourd'hui, changer de rive au glacier Blanc n'est plus que formalité de badaud. Des familles en rangs serrés font de la montée au refuge du Glacier-Blanc, une sortie pédagogique sur le thème du glacier. La moraine latérale n'oppose que de maigres résistances à ces randonneurs en initiation. Passé les ressauts de roches dures et lisses polies par les glaciers, un vaste pierrier se délite, cédant quelques arpents aux ultimes prairies à linaigrettes dénonciatrices de zones humides et terrains plats. Ici, on joue à saute-géants de pierre en pierre, un élan pour le Pelvoux, une impulsion pour le pic Sans Nom, une détente ultime pour le glacier suspendu d'Ailefroide, un atterrissage souvent humide et collant dans la tourbe et les plumets du lac Tuckett, simple affleurement d'eau tout juste couvrant les pierres et haussant chaque bloc au rang de trône et chaque contemplatif à celui de roi. Les vieux roses du soir couronnent des sommités, tandis qu'en bas des supportrices cotonneuses et emplumées s'agitent et troublent ces célébrités alpines. Alors, pour un temps, nous revient l'histoire des premières conquêtes où tout abri sous roche devient hôtel, toute ascension réussie première et tout sommet gravi baptême et état civil à la fois. Alors avec la nuit proche, le vent froid du souvenir des exploits anciens court sur l'échine des alpinistes répétiteurs et s'énumèrent pêle-mêle, dans le lourd paquetage des infortunes : le givre, le gel, les risques, les pierres, les chutes, les séracs et l'obscure clarté des bivouacs improvisés qui font du dénuement, de la patience et de la privation les plus crédibles rendez-vous avec demain.
Il y a tout cela qui assaille celui qui s'attarde à Tuckett un soir et qui fait se sentir vivant.

Lac des Partias

Il faudrait se mettre dans la peau d'un nouvel arrivant ne connaissant pas la montagne, un lycéen découvrant à la fois le lycée climatique de Briançon et la montagne, tellement présente. Il faudrait se replacer dans cette sollicitation généralisée que représente une toute première incursion en montagne.
La vallée des Combes a joué ce rôle. Tout et rien à la fois, un vallon qui ménage cette découverte pionnière, un vallon qui accompagne ce pionnier de l'Alpe, prenant grand soin de ne pas l'effrayer, de ne pas le décevoir.
Pour cela, le vallon des Combes a rassemblé des pans entiers de forêts qu'il pousse au plus haut en d'admirables et vénérables mélèzes, tortueux autant qu'inaltérables.
Insensiblement, landes, pelouses et pierriers, s'installent.
Harmonie, enchantement. Un ciel marine, une cabane qui dut être pastorale, des fleurs partout, une profusion, une vitrine, des bouquets de grandes ancolies ont déjà fait de la réserve naturelle des Partias un trésor.
Comme le regard court de crêtes en sommets, le lac des Partias joue entre les blocs à perdre cet arrivant.
Voilà, c'est fait, plus tard, bien plus tard, quand tous les sommets seront comme des voisins familiers, qu'on salue avec cette connivence qui empêche de voir, quand tout se mélangera, quand il ne restera plus, à ce montagnard dépendant, qu'une image forte et juste de "sa" montagne, c'est cette première image qui s'imposera naturellement. Si le paysage est une matrice, cet épisode s'apparente à l'imprégnation.

La mante religieuse,
prière pour une prédation.

Les lacs de la Trancoulette ou de Prelles

L'œil pâture la multitude.
Le trèfle se répand en pompons égayant les nappes d'eau claire des lacs de la Trancoulette.
Le Montbrison monte un décor de pierre.
Les Tenailles du Montbrison persécutent les nuages en pythies prévisionnistes de temps calmes ou de dépressions.
On va de l'un à l'autre en metteur en scène découvrant l'esquisse d'un décor.
Pointillisme et diversité.
La pelouse est une succulence des yeux miraculeusement épargnée par la dent du mouton. Leurs parcours vont aux pierres et aux pentes de piémont par un attrait irrépressible de la pelouse rase qui jouxte la pierre.
Le dur et le doux côte à côte, le court et le dru, comme le sucré salé pour d'autres.
Salsifis, œillets, lotiers corniculés et tant d'autres en profitent, et la pâture tardive favorise la dispersion des graines et la descente des troupeaux. Les sonnailles feront teinter corolles et sommets.
Ravissements des randonneurs qui, par Bouchier, regagnent les Vigneaux et associent couleurs naturelles et fresques de la chapelle Saint-Hippolyte.
Aux Vignettes les grimpeurs faméliques, dans la tension extrême vers la prise inaccessible, répondent à leur tour à ces peintures murales de suppliciés écartelés.
À portée de regard, la ville forte de Briançon se protège de ces explosions végétales.

Trèfle des Alpes, lotier, potentille, doronic et serpolet.

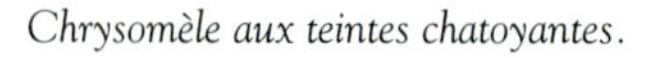

Chrysomèle aux teintes chatoyantes.

Le lac d'Arsine et le lac de la Douche

Une fois rendu, on est comme le visiteur indiscret, surnuméraire, d'un grand chantier interdit au public. De vastes étendues d'eau d'un gris vert laiteux s'animent de semblants de risées stoppées net par des monceaux de roches, de sables et de limons couleur de cendres qu'un rotor géant semble pousser. L'entreprise est énorme. On salue intérieurement l'audace du projet, la force des concepteurs qui, à coup sûr, savent ce qu'ils font et bâtissent, selon une logique certainement parfaite, de grands ensembles de pierre et de glace aussi prestigieux que les Agneaux, les pics du Glacier d'Arsine ou de Neige Cordier. On chasse un instant l'ombre d'un dépôt de bilan de quelque magnat du bâti qui laisserait en l'état pareil projet. La cabane de chantier incline pourtant à renforcer le doute. Peu à peu le silence, la fixité des lieux, la teinte même des matériaux et la formidable demi-roue de glace du glacier d'Arsine font songer à un décor de mise en scène. À l'évidence, il n'aurait pas fallu pousser jusque-là, il ne

faudrait pas chercher à dater cet excavateur d'un autre âge dont les œuvres rappellent que, si on sait trouver l'âge des arbres une fois coupés, pour les glaciers, il convient de préciser l'unité de temps : siècle ou millénaire ? Tout est tellement hors de proportion. L'absence

de vigile est un signe de plus de ce qui ressemble peu à peu au cauchemar, à la manipulation mentale. Alors, pour se rassurer un peu, on se remémore tout l'itinéraire pour s'assurer de sa mémoire, pour se pincer mentalement et pour sortir du rêve. On sourit au souvenir des méandres laiteux d'Arsine, aux vastes croupes du Rif de la Planche, à cette paresse généralisée que le col d'Arsine arbitre en un partage des eaux, entre Romanche et Guisane. Nous assaillent les tapis de fleurs naines, l'alarme des marmottes, les grands blocs, piédestals enflés du rouge-queue noir, les grands troupeaux de moutons insoupçonnés jusqu'aux trahisons de leurs sonnailles.

Deux égarés, Agneau Noir et Agneau Blanc nous dominent depuis le début du jour et nous renvoient à l'image mythique du berger et à cette question lancinante de son rapport au temps, à l'espace. On s'étonne, en proie tout à coup au froid et au vertige d'une pensée par trop vagabonde. Douceurs de mélèzes et appel de la Douche sont irrésistibles. L'image du bain du cincle qui plonge, s'essore, s'épouille, replonge, s'ébroue lui aussi et se frictionne à la serviette d'un soleil naissant, ferait tourner les talons à tout marcheur, rêveur ou non. Il y a dans cet appel d'en bas un peu de la fuite et un grand besoin de signes tangibles de territoires à nouveaux déchiffrables.

Le lac du Combeynot

Il est parfois des noms, des sites, des bizarreries de l'attrait qui, comme deux aimants se repoussent, tiennent à distance les perspectives renouvelées de rendre visite à un lieu, un jardin, un être cher, un lac… C'est une manière de salut, une réserve naturelle, portée à l'égard d'un massif receleur de toutes les richesses floristiques, c'est une manière de respect et de mise à distance, tant de traditions botaniques, herboristes ont choisi le Combeynot. C'est surtout presque comme une intrusion chez un ami qui, ayant porté si haut connaissance et témoignage du site, replongerait chacun dans sa parole de terrain simple et vraie, son regard puisé aux eaux mêmes du lac à sa seule évocation. Pourtant l'écho du Combeynot, ses pics est et ouest, pic du Lac même, font ricocher ce nom comme un rire de pierre qui finirait échoué dans une immobilité de glace, celle d'un lac déjà saisi dans sa gangue de silence. Le site est si fort, les fissures si puissantes, le reflet tellement métallique que s'y noient le souvenir des douceurs de mélèzes des Boussardes, l'harmonie parfaite de la pierre et du lichen, de l'arbre et du chamois, prince du site pour le souvenir obsessionnel d'un guet dans la tourmente, neige horizontale que la belle antilope assumait crânement. Alors seulement, quittant le rocher de Guerre le bien nommé, l'esprit s'évade vers le souvenir des roches sang des Jumelles nord et sud, et nous revient l'œil bleu qui rien ne juge, du lac du Combeynot, et s'impose cette parenthèse estivale d'avant la glace et l'escamotage des neiges.

On comprend l'appellation de lichen géographique…

Le Grand Lac

Quelque chose a changé. Les masses, les formes, les teintes et les lignes sont de calcaire. Sommets en plateau, verticalité des parois, toute une architecture de fortifications s'amuse à se farder de la couleur des heures et des années-lumière. Arêtes de la Bruyère, Roche Robert, aiguilles de la Ponsonnière, du Chardonnet, font la ronde autour du Grand Lac, autour des chalets de l'Alpe du Lauzet et emmurent souvenirs et murmures des mines. Que la paroi s'éclaire et le lac aussitôt s'empourpre de son reflet.
Dans l'échancrure du Pont de l'Alpe, un Combeynot puissant a donné le signal de l'aube.
Une paupière d'ombre se soulève, libérant l'eau des sombres secrets de sa mémoire.
Transparence et lumière sont reflets de l'instant, du temps qu'il fait, du futile. Pourront-ils jamais rendre compte de la vie de la paroi, de la permanence que des via ferrata rattrapent aujourd'hui, comme autant de chemins de fer pour voyageurs à sensations?
Que sauront-ils de l'aigle ?
Le partage d'une vision, une certaine idée de l'aérien peut-être, mais à coup sûr ni la durée, ni la quiétude, moins encore la solitude inquiète de l'aiglon, entre toit de roche et couche de branches, croupion au balcon.
Que sauront-ils du bouquetin, ce seigneur du rocher, ce sumo du flegme, ce combattant du frénétique ?
Nous sommes les passants, les lacs, crûment, nous le rappellent : du miroir au mirage, du reflet au réel, du liquide au figé. C'est l'eau qui fait éclater la pierre, peut-être est-ce là son message principal.

Les lacs de la Ponsonnière et de Crouserocs

Après la découverte du Grand Lac, les remparts de Roche Colombe et des arêtes de la Bruyère, le petit lac de la Ponsonnière pouvait n'être qu'un lac de passage tout comme Crouserocs, son voisin lilliputien.
Les lacs de plateau, de pelouse, exaltent cette chose très particulière qu'est le plat en montagne.
C'est un temps de repos, une autre lumière, une proportion nouvelle de ciel qui renvoie chacun à ses souvenirs de bords de mer, à l'esthétique des pays plats.
La lumière n'y joue pas de la même façon, plus plate elle aussi, plus descriptive, elle dédramatise le paysage et ne saurait supporter de laisser dans le noir tout un arpent de terre.
En montagne, l'effet d'envol et d'évasion est encore plus fort, le plat est un tremplin.
Le lac de la Ponsonnière remplit à merveille cette préfiguration de décollage qui connaîtra sa plénitude au col, et même au col Termier si vous poussez jusque-là.
Tous les grands du massif s'y montrent et paradent pour le plus grand bonheur de ceux qui les gravissent.
S'ensuivent bien souvent des discussions "à perte de vue" sur tel ou tel, occasion de briller ou de se faire petit.
Crouserocs et Ponsonnière, pour un instant, nous ont dotés de ce regard libellule, courbe et qui tout embrasse, les linaigrettes écrivant leurs messages de craie et de plume sur le tableau vert des feuilles lancéolées. Là s'arrête notre rêve de vision odonate.
L'écriture des plantes reste calligraphie pour invertébrés.
On prêterait au bouquetin ces capacités de déchiffrage, lui qui mâche et remâche dans le secret sans jamais rien laisser transparaître.
Le bouquetin, le flegme des passions.

Le lac de Crouserocs,
un voisin peu encombrant pour la Ponsonnière.

Le lac de l'Étoile

Le regard est comme la bête sauvage, il erre dans cette vastitude d'herbe et de rocs, de lumière implacable, il cherche ombre, abri, protection, couvert.
Les blocs sont des refuges, des repères et parfois des repaires, des protections, des audaces dans le vallon lisse comme Planche d'où le regard n'en finit pas de prendre appui, élan.
Les bleus, les verts de l'été noient les réalités.
Distances, reliefs sont abolis.
L'eau du lac de l'Étoile, elle-même contaminée, hésite, et son bleu vert est pureté pour l'un, faiblesse coupable pour l'autre.
Les rochers sont aux oiseaux, les regards aux Agneaux, à la Calotte si lumineuse, si franche. Une invitation si directe ne se refuse pas. Place de l'Étoile entre deux carrefours célèbres, celui d'Arsine, celui de Valfourche.
Entre les deux, la circulation du boulevard GR 54 et les belles façades de Chamoissières et de Combeynot.
Tout est trop connu, il faudrait attendre, refuser cet alanguissement de midi, et ne pas mettre en bouche ce brin de bois-gentil.
Le feu, en quelques minutes, incendie gorge, poumons, vision.
Toute présence de l'eau est mirage. Des rêves de plongées, de fraîcheurs coulent sur les braises de la gorge et des yeux.
L'incendie éteint, on inspecte, on fait le bilan. Rien n'a bronché.
L'immobilité fait la Planche.
Le feu n'est qu'intérieur.
On n'est rien... mais se l'entendre dire avec telle placide lucidité !

Le lac du Pavé

Au cœur du puissant cirque du pic Gaspard, du Pavé, des pics nord et sud des Cavales, des faces nord de Roche Méane et de la Grande Ruine, le lac du Pavé, à 2 841 m d'altitude, n'agrémente ce cul-de-sac glaciaire d'une touche de vert laiteux que quelques mois par an. Il est vrai qu'il sait se faire désirer tant par l'altitude que par la distance prise avec les lieux de vie ordinaires des hommes. Comment supporte-t-il le refuge du même nom, lui qui professe l'inversement des valeurs et symbolise à merveille "la mare dans les pavés" ? Mystère ! Et ce serait aller bien trop loin dans le portrait de cet agitateur immobile que de lui assigner le moindre rôle dans les avalanches qui balayèrent par deux fois ce refuge. Sa provocation permanente, il la tire plutôt d'un irrespect constant des calendriers de fonte, de son goût de la débâcle lente, anarchique, incertaine. Il joue de la métamorphose de sa banquise estivale, trouvant des formes, des proues, des découpes végétales nervurées de fissures et dont le détachement, loin d'annoncer l'automne, marque le cœur de l'été. Le pic Gaspard a beau étendre, sur ces dérives insensibles, sur ces architectures du chaos, une ombre pleine de pudeur, rien n'y fait, ces mastodontes de glace circulent en bande en quête d'horizons et de confins nouveaux, livrant en famille leurs croupes au grand soleil et à l'indolente flottaison d'un temps arrêté du plein midi. Passant, pose ici ton baluchon d'espérances et goûte le repos dans la plénitude de la contemplation aiguisée par le repas, le café et l'amitié de ce refuge inespéré.

Le lac Pers

C'est une invention d'amateur de haute route, un rince-pieds magnifique qui repose et répare les prétendants aux longs périples vers le Pavé, le Clot des Cavales, la Grande Ruine et autre col de Casse Déserte.
C'est un miroir aux chamois et au Roc Noir du Combeynot.
C'est comme l'œuvre vieillie, intégrée, d'un paysagiste qui aurait trouvé là matière à fantasme, colorant l'eau d'un rien de bleu-vert pour plus de fraîcheur, de pureté.
C'est un grand œil ouvert dans son orbite de pierre, une frange d'herbe rare pour cil et ultime douceur.
Le lac Pers est la dernière ou la première douceur, il est tout d'une pièce, sans secret ni chichi. Une âme simple, un doux murmure de source à ses côtés tandis que la Romanche joue les affairées à quelques pas de là.
Le lac Pers, c'est le confessionnal, il écoute et recueille les angoisses de ceux qui ne sont pas encore tout à fait décidés à l'entreprise, et pousse à la confidence ceux qui, une fois encore, se délectent des joies du retour, confiant au mutisme limpide de l'eau, les secrets, les faiblesses, les émerveillements de l'itinéraire.
Chacun s'y déleste de ses craintes, de ses peurs, et confie ce qu'il a de plus lourd pour le seul mérite d'une course, d'un sommet, d'une montagne et de s'en montrer digne.
Le plus honnête reprendra son ballot de conscience au retour avec de grands mercis, les autres, les parvenus et les hâbleurs, croiront avoir noyé ce paquetage combien personnel. Ceux-là se retrouveront plus que chargés : accablés avant qu'il ne soit tard.
Toute montagne offre un pédiluve, mais un pédiluve seulement.

Le lac du Pontet

Comme l'accessible est fade.
Pour être le énième à se traîner aux pieds de la reine Meije, à s'en réclamer, il n'en est pas moins lac.
Mais quand 4 x 4 répond à cabanon, quand la truite ferrée retombe sur l'étoffe rouge et blanche des torchons et serviettes et renverse anisettes et victuailles, tandis que trois générations d'une même famille plaquent au sol la malheureuse qui déjà manquait d'air, alors, alors seulement, la Meije se retire, poussant devant elle la barbe à papa des nuages du dimanche.
Plus loin, les couples enlacés que la pente déshabille se mirent les yeux dans les yeux, indifférents à tout.
Des algues vert fluo entourent les pierres et suggèrent les eaux tristement coutumières des rivières charroyeuses des pollutions urbaines.
Pourtant le site est beau, l'Aiguillon à côté fait de grands signes et s'autoproclame belvédère du Haut-Oisans.
Rien n'y fait, pas même le Pontet dont le ponton moitié d'eau lisse, moitié d'eau ridée ne décide personne à l'embarquement.
L'artifice éteint le feu, le voisinage tue l'intimité.
Le Pontet fait de l'œil, c'est un lac du dimanche fait pour mouiller, crasser habits et chaussures d'un jour.
C'est un lac qui vit de cris et d'agitations.
Avec la Meije retirons-nous pour des chuchotements vertigineux et des clameurs de glace.

Le lac du Goléon

Le nom sonne comme familier, propice à la contrepèterie, à l'à-peu-près, quelque chose de proche, une bonhomie qui va avec la tape dans le dos et la bourrade amicale. Les grandes drailles dans l'alpage dessinent des courbes de niveau dont on ne sait si elles sont de pierre ou de laine. Une lumière étale et froide, pareille à celle des jours interminables du Grand Nord, annonce la lente venue du jour. Montée imperceptible en nappes de clartés naissantes, rasantes sur la plus rase des pelouses. Après la fixité pétrifiée d'une aube de ciel et

d'eau, tout Valfroide succombe à l'ambivalence du jour et son hémiplégie brutale.
Alors s'imposent les symboles têtus, ténus, du fragile, du vivant. Timide frémissement de coton dans l'étau des

Un papillon petit apollon sur une linaigrette

ombres et des clairs-obscurs, une foultitude de linaigrettes scande le silence, protestation muette, marche arrêtée, et repousse tout ce qui se propose de voguer vers des évasions de ciel et d'eau pour une perte, une dispersion, un anéantissement dans l'espace. Des apollons chiffonnés sortent de la glu de la nuit et son poids de rosée, incapables encore d'échapper à ce combat qui n'est pas le leur. Là, les notions de plumes, de poils, d'écailles, de pétales n'ont plus cours, plus rien ne s'appartient, seule demeure cette pâle osmose de la vie en marche qui redresse la tête face à la grande lame du Goléon qu'aiguise la pierre Meije, tronc coupé, carte à jouer, froide reine de cœur abattue sur la table obscure d'une nuit vaincue une fois encore par le pacte du jour et le peuple fantôme de la vie. Bientôt la métamorphose… un lac bleuté dont seules des cernes de pâture témoignent des face-à-face du jour et de la nuit. Quand les linaigrettes poussent le radeau de la terre vers les rives incertaines de la Romanche, le dévoilement de trois silhouettes d'Arve et le triomphe de l'aube sont en marche.

Le lac de Puy Vachier

L'œil mi-clos du lac de Puy Vachier surplombé par le sourcil inquisiteur du Peyron d'Amont reste à interpréter dans ce nouvel univers du téléphérique, dans une des plus belles faces nord des Alpes. Fallait-il ouvrir, offrir ces espaces à la consommation ? Ceux-ci ne devaient-ils pas rester espaces à apprivoiser par la marche, la randonnée, l'alpinisme dans une progression qui fait une vie d'homme et la forge ?
La question au moins se pose, comme elle semble être posée par le lac de Puy Vachier, sa paupière d'ombre comme un rictus, un clin d'œil à peine esquissé répondant à l'interrogation du promeneur en proie au même tiraillement.
Majesté, parfaite pureté du Grand Pic de la Meije dont s'écarte un peu, par modestie et beaucoup par besoin de contempler, le Râteau, beauté des lointains dont la Romanche dessine les bas contours et dont les cieux en pleine incandescence dessinent la découpe haute et familière.
Entre les deux, des amoncellements de glaces, de roches, de couloirs, de crêtes, de forêts enfin, comme épuisés à force de tenir à bout de cimes, au-dessus de leurs têtes, tant de matière minérale, glaciaire et végétale en équilibre précaire.
Et là, tout soudain, dans ces élévations sublimes jamais tout à fait abouties, l'homme relève le défi d'en faire un espace de jeu.
Chacun a oublié, certains, beaucoup, ont salué l'exploit technique et le caractère pédagogique de l'entreprise. C'est un point de vue. Avec la même recherche du bonheur et de l'élévation du plus grand nombre, laissez-nous partager le scepticisme du lac de Puy Vachier .
Le problème est qu'on n'est pas à moitié symbole, que désormais il faudra se tordre le coup, se mettre des œillères, se limiter, se fermer au panorama pour retrouver la pureté, l'exaltation et l'histoire.
Chance, chansons, Chancel, chancelle, choisissez.
Les lumières qui vacillent sont-elles trop proches et les bruits trop audibles pour que la Meije symbolise encore le vertige et l'abîme de l'inaccessible, perspective et prolongement de la conscience alpine ?

Le lac Lovitel

Le plateau d'Emparis est un palais des glaces, il égrène une galerie de miroirs que parcourt la précieuse et solitaire dame blanche : la Meije. Le Tour de l'Oisans, le plus alpin des sentiers de grande randonnée, se devait de la couronner d'une variante en bordure de plateau. Au Lovitel, les choses ne font que commencer. Aménagements d'itinéraires d'interprétations, parcours en caillebotis au-dessus des zones humides, des tourbières et parfois du reste de peu d'eau de ce lac en voie de comblement, tout y est jusqu'au pont enjambant le lac. Tout est miniature et pourtant bien présent. Valorisation du site ou dégradation ? Artificialisation à coup sûr qui pourrait mal augurer de cette superbe traversée du plateau d'Emparis. L'interprétation du paysage, des milieux naturels, du patrimoine alpin est d'abord affaire d'observation. Mobiliers et visuels gênent la vue.
La grenouille n'est jamais mieux comprise que par l'imitation, le nez au-dessus des remugles d'eaux croupies, l'œil au ras de l'eau, guetteur vorace du papillon, de l'éphémère ou du moustique.
De même, grimper au frêne fait comprendre d'une tout autre manière ce que "faire la feuille" signifiait, et il faudrait avoir descendu la trousse de foin fraîchement coupé pour apprécier à sa dimension, un paysage alpin façonné par l'homme.
Mais faire comprendre au plus grand monde impose des équipements sous peine de destruction des zones humides. Difficile équilibre, difficile décision.

Le lac Lérié

Destinations lacustres. Destination de rêve et d'eau. Projets, bagages, horaires, routes, périples tracés se conjuguent depuis si longtemps pour un objectif si simple qu'on est dans l'impossibilité d'être vraiment disponible. Car partir c'est s'alléger, c'est suivre les signes, c'est faire la route, c'est répondre à l'oiseau, c'est être le berger de ses pensées, c'est essayer de les conduire vers la belle herbe de l'été.
Partir, c'est construire une vision, la forger en tendant vers elle et en sachant bien que le vent des crêtes ou du plateau, la réalité tout simplement, balaiera cette improvisation lente.
C'est écrire sa musique intérieure de rires, de larmes et de splendeurs à ne plus savoir à qui les dédier.
C'est convier à cette fête ceux qu'on aime, c'est les emporter avec soi pour un entretien, un tête à tête pas à pas qui renforce la beauté, les mystères de la beauté et ceux de l'amitié.
Aimer c'est marcher car c'est être redevable à la trace, à la marque, au repère, au signe, à l'embellie, à la pluie, à la neige, à la paille, au brouillard, à tout ce qui dissipe et disperse les chargements du monde.
Aimer c'est conjuguer le ciel et l'eau, c'est grimper dans la profondeur abyssale des pierres, du temps des pierres, c'est à leurs veines prendre le poul du monde et se sentir vivant.
Ainsi les pensées butinent les fleurs et inversement.
Ainsi Olivier Messiaen devait-il suivre ces portées végétales, ces oiseaux du vol à la trille en chapardeur d'instants de plénitude.
Est-ce le Lérié qui lui apporta la profondeur avec le vertige de la Meije jusqu'à l'abîme de la composition ?
C'est encore par la légèreté qu'il savait retrouver l'enfance aux pieds nus de la musique du monde.

Le lac Noir

Dans le creuset des pierres, une eau de cendre est tisonnée par le reflet Meije. Bien avant ce remuement de l'âtre, les nuages se sont évanouis en une course folle. Leurs passées portaient le plateau d'Emparis aux extrêmes. Courses des ombres sur les vastes moutonnements de roches et de pelouses, amples mouvements des troupeaux à l'estive, comme poussés par la lumière crue et mobile qui fouille un plateau qu'on penserait de théâtre. Une heure, deux heures, la pièce était dite, éteintes les grandes pelisses d'ombre portées par le vent.
Il ne reste que cette progression prudente et drue de la gentiane de Koch vers l'eau du lac Noir.
Une foule d'oreilles à l'écoute d'un vent qui s'en est allé, une tablée de flûtes tendues vers le curaçao du ciel et sa glace du Tabuchet. Un toast de bienvenue car tout est prêt pour l'accueil des convives qu'on devine attentifs, émerveillés, un rien engoncés par tant de luxe, mais qui finiront alanguis, dépoitraillés, vautrés dans ce couvert végétal.
Est-ce cela une table d'hôte ? Aucune ne soigne plus que celle-ci le cadre, l'authenticité, le naturel, la dramatisation changée en fête.
Nulle part ailleurs nous ne sommes plus proches du lointain... à le toucher.

Le lac des Quirlies

Avec les Quirlies, une aube se dessine, celle des vocables et des langages et, de ce fait, celle des pérégrinations, des échanges, des fois, des conceptions du monde. Pour s'en convaincre, il y a cette présence glaciaire qui libère le lac des Quirlies deux petits mois par an. Il y a ce choc des natures de roche et leurs déclarations, jetées au ciel en reliefs audacieux ou modestes. Discours cristallins des Grandes Rousses qui teintent clair, sûrs d'eux, narration plus ronde, plus enrobée des territoires schisteux dont l'échine de Prarouat marque la limite et qui est si propice au jeu des interprétations. Il y a ces symboles et ces marques des pays de la fin et du début du monde, pierres dressées, ornées d'une croix côté Savoie, d'un lys côté Dauphiné, symboles de limites, de frontières, mais combien repères aussi ces pierres pour des terres d'échanges, de commerces, de fuites, d'entraides et d'assistance mutuelle. Hors de tout accès autres que pédestres, ce sont de hauts lieux de passage qui virent, des siècles durant, hommes, bêtes et paquetages en route pour un ailleurs incertain mais meilleur. Le lac des Quirlies ne fait pas autre chose à l'aube de ce nouveau jour qu'envoyer des flottilles de glaces en messagères des flottaisons prochaines. Le ciel lui-même, comme à l'unisson, répond par des balbutiements de brumes, annonciateurs des chapes de discours venus d'en bas. Discours connus qui n'ont ni crêtes ni cimes du Sauvage pour s'interroger sur le sens de la marche, encore moins sur le sauvage : “origine ou perspective, proche ou lointaine” ?

Lac du Cerisier

La présence de l'eau y est plus qu'éphémère.
On chercherait en vain l'image paisible, idyllique et un rien étrangère, d'un beau fruitier dispensant avec largesse ses frondaisons d'ombres salvatrices, ses ramures de fleurs, ses lourds rameaux ployant sous le poids des fruits.
À cette altitude, nul arbre à la ronde, plus d'eau, mais la marque sombre d'une présence passée.
Tout une peau de noir chagrin épouse les contours heurtés de grands blocs selon une ligne d'étiage bien lisible.
On est presque aussi surpris par le cratère chaotique de cette modeste dépression, son caractère un peu fantomatique, que par la taille des blocs.
Quel contraste avec toute l'ambiance du vallon au départ du col de Sarène, à plus de 2 000 m s'il vous plaît !
Les randonneurs ignorent superbement ce creux de pierre et d'eau qui pourrait presque s'enorgueillir du reflet de la Meije, du Rateau, seconde ou troisième ligne de crêtes dans cette succession de lointains...
En fait, ils n'ont que les Quirlies en tête.
Pourtant, le mystère demeure...
Quelle voracité, quel réchauffement climatique aussi soudain que localisé peut-il être à l'origine d'une telle appellation ?
Merci à ceux qui savent et grand merci tout autant pour les hypothèses si fantaisistes qu'elles en deviennent crédibles... Un beau sujet de concours ou de devoir de vacances.
Alentour, les grandes digitales hochent leurs jaunes doigtiers.

Conversation de digitales à grandes fleurs.

Le lac Noir

Le photographe s'est servi du bloc pour se protéger de la lumière qui aurait pu être parasite. Il cadre ainsi le lac Noir comme un vaste lieu de nature et d'émerveillement, délaissant les nombreux aménagements du plateau des Deux-Alpes.
L'image est presque clinquante, elle porte haut en couleur les valeurs de cet univers de l'insouciance heureuse obligatoire.
En s'attardant sur le bleu si particulier de l'eau de fonte, on en vient à survoler les glaces comme mer de nuages, vue aérienne par ailleurs à peine suggérée par une oblique qui griffe le ciel bleu nuit.
Débâcle de ciel ou de glace, tout flotte, seul le végétal du parti des pierres s'ancre, s'anime, s'accroche, se cheville au concret.
C'est le silène acaule, célèbre plante d'altitude aux capacités d'adaptation remarquables. Son entêtement, la ténacité du groupe ne sont pas sans parallèle avec cette autre assemblée alpine du haut Vénéon, générations de guides-paysans solitaires, solidaires par nécessité, pitonnée à la roche, plantée en terre indéfectiblement.
Eux aussi suscitent une juste admiration et le risque est grand, en ces temps de consommation d'espaces, d'aventures, d'authenticité, qu'ils ne soient plus que des faire-valoir d'un territoire quand leur histoire cimente les lieux, leur donne naissance, existence, réalité.
La paroi n'a que quelques fleurs et fleurons à la boutonnière et beaucoup, beaucoup de rêves de mises en valeur qui peuvent s'avérer d'irrémédiables banalisations. Deux Alpes s'opposent ou se confortent, tout est là...
Hommes et silènes sont leurs richesses.

Silène acaule.

Le lac du Lauvitel

Il pourrait cumuler les superlatifs et s'en tient pourtant à la convivialité. Itinéraire raisonnable qui débute en hommage aux anciens et à leurs savoir-faire. La pierre n'y arbitre-t-elle pas le partage des eaux aussi bien que celui des chiches terres cultivables ?
Pelouse rase, univers de grands blocs, abrupts, tout peignés des ruisseaux et cascades, chalets aux allures de privilèges, éboulis, parois, plages inaccessibles, échappatoires vers la brèche du Périer ou le col du Vallon. Tout est possible au Lauvitel. Le lac est à l'ultime dimension de ce qu'embrasse le regard, et l'équilibre des lignes et des matières équivaut à une adoption. Mais c'est jusque dans le détail que le Lauvitel peaufine nos rêves de grands lacs canadiens.
Choc de l'eau et des grands pans de roche, qui coulent à pic dans l'insondable pourtant limpide, diaprés des cascades, risées de lumière sur le bleu

nuit du Lauvitel, deltas inaccessibles, vastes forêts de résineux d'ordinaire à l'assaut des montagnes, ici en troupes impatientes de rejoindre l'eau, jeux de blocs, criques et cirques…
Le Lauvitel peut tout interpréter, du rire au drame. Seigneur débonnaire, il accompagne la barque du dernier pêcheur jusqu'au môle où l'oiseleur, sobre sorbier, comble cette recherche d'amarrages. Demain il teintera de nuit le dédale d'eaux libres entre les glaces qu'un nocher expert suit, debout, conduisant l'ultime guirlande des barques chargées de bois. Puis il composera son opéra de gel, musique concrète où les ondes de choc sont des colonnes d'air prisonnières des glaces, devenues folles de fureur devant la course des neiges qu'organise le vent à la surface de cette prison de verre.

Une plantureuse marmotte, bien après la longue hibernation.

Le lac du Plan Vianney

Lui c'est l'omble chevalier, l'autre c'est le saumon des fontaines. On jette quelques pierres dans l'eau pour rompre le silence.
La concurrence s'imagine aisément, exacerbée par l'enfermement, le jeûne, jusqu'à la folie peut-être.
L'un et l'autre sont maigres, rachitiques et sans âge.
Ils sont fatigués de privations, bousculés par la trop récente, trop soudaine débauche de lumière.
L'un et l'autre sont à l'aube de quelque chose qui arrive, qui les dépasse.
Ils tournent comme animal en cage, l'œil exorbité par l'attente, l'attention, l'urgence de manger, de ne laisser échapper aucune occasion, d'être le premier.
Quatre mois pour tout accomplir dès que le grand aquarium opaque de Plan Vianney s'ouvre à la lumière. Que l'image de la Muraillette de la Muzelle, que la Tête de Ferrant se troublent et tremblent et le saumon des fontaines est là, au coeur de l'agitation de surface, prêt à gober le plus minuscule assassin de l'ordre.
Mais ce sont de ses amours que de partout on glose.
Se reproduit-il ? Ne se reproduit-il pas ?
Là est toute la question. Si c'est oui, Plan Vianney est le deuxième lac en France à pouvoir s'en vanter, ce qui n'est pas dans sa nature...

Le lac de la Muzelle

Parcours du nuancier des verts. Vert sombre des forêts pour débuter, chemin creux pavé d'autrefois, puis le vert plus tendre des pelouses alpines en contraste pimpant avec les érosions schisteuses du rendez-vous des cascades qui les précèdent. Les croupes vont au ciel piquetées de gentianes vert-jaune de la tourbière et de l'éclat printanier des mousses cicatrisantes. Vert changeant du lac de la Muzelle, prompt à toutes les métamorphoses, qui vire au sombre avec la nuit quand se seront éteints les ors de la Muzelle au couchant. Souvenirs de ces feux du soir auxquels s'impose celui du lampion de la nuit, le refuge, reflet nocturne qui tremble et vacille en ludion solitaire d'une si vaste nuit.
Des fantômes puissants et immobiles, Muraillette, Clapier du Peyron, Muzelle en personne, l'enserrent et le dominent. Promesse de douceur, de chaleur, d'échanges après la fixité de l'œil de la Muzelle rivé sur le lac et le col juste en face, jeu de cache-cache cyclopéen d'un œil avide qui jamais tout le lac n'embrasse, mais jeu de grand voyageur quand, sur le pont du refuge, les passagers de l'Alpe s'abîment dans la rêverie et suivent le sillage d'un rai de lumière, accrochés au bastingage, en partance pour des destinations de silence. Demain les ânes pousseront des naseaux les restes de crépuscule, soufflant des forges de vapeur au cou des randonneurs sur le départ. Douceurs de rosée avant la lumière crue et les arêtes vives des roches au plein soleil. Désormais seul le col du Vallon et l'observation du patient retrait de l'ombre sur l'alpage, le lac, le refuge enfin, prolongeront la sérénité du site de la Muzelle d'avant, d'après la cruauté du jour.

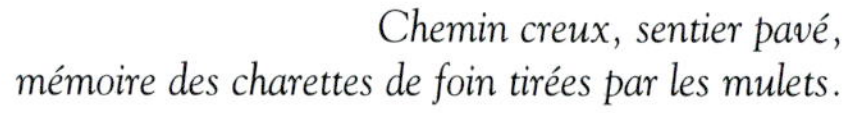

Chemin creux, sentier pavé,
mémoire des charettes de foin tirées par les mulets.

Le lac du Salude

Sauvage secret de l'Oisans que le vallon de la Mariande, qui conjugue sa minéralité dans les gris-bleu d'un temps de froid, mélange de pierre et de glace. Oubliées les forêts de Mariande et des Bans, abris tutélaires de la chouette de Tengmalm. Désormais n'est plus que l'ample révolte de silence contre l'emprisonnement des matières de la vie.
Plus qu'un paysage, c'est une allégorie que chacun trouvera ici, celle qui transforme le lieu en peinture et décor d'un haut fait de justice. Libérées, l'eau, la lumière et la fluidité hésitent pourtant au seuil de la pointe des Arias, du bec du Canard et de leurs balcons de glace si conformes aux geôles désertées. Seules la tour Rouge et la Tête de Salude suggèrent quelques issues possibles. Le diapré des pierres, la convergence des lignes, les fronces des glaciers sont comme l'écroulement d'une étoffe libérant le tableau inaugural intitulé "la reconquête". Un bivouac fascinant, des appels nocturnes symboles d'un retour probable, l'incongruité même de quelques brebis égarées dans le vallon, conduiront tout randonneur à ces grands soulagements du petit jour. De combien de carats cette once d'aube qui renvoie tout ce bazar de pierre aux rétameurs de l'ombre ?

Le lac de la Mariande

Si nous en avions le courage, si le sentier n'avait pas été dépassé depuis bien longtemps, comme il aurait été doux et puissant de se hausser en aveugle au-delà du cratère de la Mariande. Dépassées les lèvres volcaniques pétrifiées au paroxysme de l'exclamation, la découverte soudaine et brutale du lac de la Mariande eut été celle d'un cri pétrifié, saisi en glace dans l'instant. Chaque été érode, use, élime cette géode et son secret, chaque été la vérité des

origines pousse, affleure sans espace suffisant pour libérer son message. Le cri est un regard qu'aveugle une cataracte rituelle de saison à saison. De quelle vérité le lac de la Mariande est-il le gardien ? La langue des débâcles a tellement peu d'adeptes que ce message des origines a toutes les chances de ne pas être entendu. Vive la glace… et ses secrets.

Le lac des Fétoules

Le lac des Fétoules n'en est pas son miroir, mais celui de poche des aiguilles midinettes d'Olan et des Arias. Dès l'aube, en quête de lumières, elles cousent à grandes aiguillées un tissu de contrastes que ne renierait pas le costumier de la Commedia dell' Arte.

La part de l'ombre gardée par le lac des Fétoules, c'est celle de l'énigme, de l'ambivalence, des forces créatrices. Ainsi le sombre miroir fait-il la fête à la lumière pour se grandir, pour s'approfondir de toute la stagnation de la nuit, pour gagner en mystère. Profondeur des accords anciens, tacites, contre nature, passés entre l'eau, la pierre et l'ombre, connivence secrète des blocs spectateurs d'un théâtre d'ombres dont chaque visiteur est la marionnette naïve et inconsciente. Le mystère est dans ce renversement, dans ce retour aux matières élémentaires, metteurs en scène d'une pantomime de l'éphémère. Il est aussi dans sa capacité à s'évanouir dans des étendues de glaces et de neiges seulement visitées par les randonneurs de ski alpin. Les désirs de ceux-là sont de pentes, de pureté, de silence, d'altitude, d'infini, de solitude, de défi et le mystère cette fois tient en un vocable fétiche qui tourne en tête et au bout des lèvres sans jamais être dit. Théâtre du silence et du non-dit qui s'abreuve de clarté pour déjouer le risque, il se nourrit d'efforts et de dépassements pour taire l'écriture d'une course, la force des origines, et son décor de théâtre élémentaire.

L'épeire au centre de sa toile : un diadème peut être un piège.

Le lac des Bêches

Il suffit de passer le pont pour se laver de lumière et d'eau vive.
Partout l'eau contourne, sculpte, caresse, s'active et s'accélère, bondit et explose enfin en perles de lumière.
La course diaprée de ces embruns couronne les rhododendrons en massif, polit la pierre, donne le vertige aux fûts immobiles des mélèzes et des pins que cette musicalité liquide agace jusqu'au bout des aiguilles. Tout frémit de vie, tout est surenchère. Un jeune été sort la Lavey de son mutisme et douche les sens d'appels, de couleurs, de mouvements…
La vie de la Lavey nous a lavés de vie. Au refuge, les tables sortent de terre avec l'appétit qu'on prête aux hivernants.
Le ligneux dépassé, la rude déambulation dans l'éboulis s'oppose aux éclats et aux rires des fleurs de pierriers.
La vie provoque. Le fragile est plus fort que la plus forte des déterminations. On s'arrête donc, on souffle, on s'extasie et on repart.
Et tout soudain, les Bêches.
Des ventres de glace fendent

l'eau bleue, l'eau verte mimant quelque parade pétrifiée, semblable aux souples et lourdes retombées des cétacés fêtant l'amour.
Tout est immobile, une sorte d'arrêt sur image imposé par l'œil-caméra de ces géants de glace que la prudence pousse à faire le mort. Tout est lisse, courbe, dur, net, tout conduit à cette eau neuve glacée de silence.
Parfois, les bonds de quelque bloc et leur écho composent avec les fissures audibles de la glace une musique de l'espace et de la matière qui nous propulse dans les abîmes de silence d'une eau insondable.

Chèvres et chevreaux en pelage d'été, une nurserie de plein air comme au jardin public.

Le lac de la Muande

Ce n'est pas un lac, c'est un cataclysme.
Un grand chantier abandonné où la glace et la pierre auraient opposé la plus implacable résistance.
Poussées des glaces, écroulements, écoulements, eau sale, eau laiteuse, eau abrasive.
Partout, des monstres échoués se laissent ensevelir par l'avalanche des pierres. Loin des douceurs du refuge de la Lavey, le lac de la Muande gonfle, s'étire, s'agrandit.
Partout les socles de glace saignent, plaies ouvertes aux burins du soleil, blessures à portée de main, de miséricorde.
Toute une montagne sous perfusion. De grands lambeaux de pierres semblent s'immobiliser le temps d'une visite, tandis qu'inexorable, l'eau transporte la farine de roche pour d'improbables constructions futures. Même par grand soleil, l'eau pâle, la pierre en plein charroi, la glace aux allures de monstres marins résistent à toute transparence, à toute lisibilité, à toute remise en ordre. La cime du Vallon domine ce grand chantier, impuissante, le glacier de la Muande pour simple parure de ce qui fut une façade de glace.
Dans ce mouvement arrêté du minéral, où le son lui-même exprime la chute, l'abandon dans la fluide fugacité du vide, deux danseurs parfaitement synchrones construisent un ballet d'éclairs, de légèreté.
Deux tichodromes échelettes dansent la pierre.

*Un tichodrome échelette en plein vol !
Aussi rare que fugace.*

C'est une offrande déposée aux pieds des dieux de glace.
C'est le lac des Rouies, le dernier dévot, le dernier fidèle, l'ultime gardien de la mémoire ancienne des glaces et des chamois, le psalmodiant, répétiteur de rites. La jeunesse est peut-être la plus sûre garante de son attachement.
Dès lors, baigner les pieds fatigués du glacier créateur n'est pas soumission mais prière.
La naissance d'un lac porte en soi sa fin.
Pour l'heure, les Rouies s'en moquent et tètent au glacier nourricier cette eau de farine de roche qui ne convient qu'à lui.
Une poigne de pierre tend au lac, au site, au grandiose, un bouquet d'edelweiss, autre offrande à l'altitude et à la rudesse qui forgent ces territoires du balbutiement du jour et de la vie.
La roche ici est encore mouvement et la vague de pierre échoue sur un môle de granite dur, sourd à la plainte et à la rare musique de l'eau libérée des glaces.
Comment pourrions-nous être les témoins d'une agitation immobile, si lente qu'une vie d'homme ne suffit pas à voir la vague de pierre toucher au port ?
N'importe, le regard amarré à cet autre temps, nous mouillerons d'hier à demain en quête d'images et de langages élémentaires.
Glaciers de l'Âne et du Chardon, combien inséparables, assurent la transition. Retour d'un voyage aux origines.

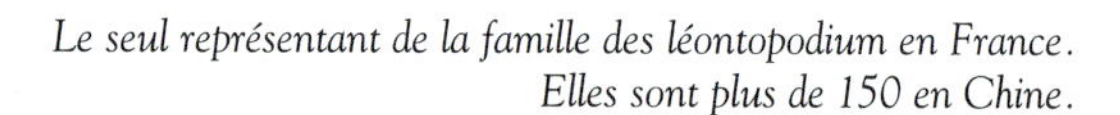

Le seul représentant de la famille des léontopodium en France. Elles sont plus de 150 en Chine.

Le lac des Rouies

Les lacs du plateau du Taillefer

Aux frontières extrêmes du massif des Écrins, mais pour partie dans sa périphérie si on prend celle du parc national, le plateau du Taillefer est avant tout un point de vue, une manière de mise à distance pour mieux soupeser le poids relatif des choses. Au pied de la face nord du Taillefer, un archipel de lacs anime les moutonnements du plateau du Taillefer.
La proximité ne change rien à l'affaire, ces voisins sont si différents que le parcours de leurs rives est à la fois

Émergence des prêles, frêles tuteurs pour métamorphoses de libellules.

sentier botanique – ail sauvage, linaigrette, rhododendrons – et voyage dans le richissime nuancier des lacs de montagne en général. La variété des appellations montre assez cette diversité des formes et des couleurs : Vache, Agneau, Aiguillon, Culasson, Beauregard, Émeraude, Noir, Grand et Petit Pré, Fourchu, Canard, Pin.
Mais que le couchant vienne adjoindre ces ors violacés, et

c'est alors peine perdue que tenter de fixer les couleurs. Dès lors, les embrasements de ce puzzle lacustre répondent aux confins de l'Oisans, dont les découpes lointaines et aplaties sont autant d'énigmes que l'aube prochaine dissipera. Gagné, perdu, qu'importe. Des océans de terres incertaines entourent des mers intérieures qui durent n'être qu'une heureuse inversion, que cette cartographie du soir et de la nuit dont les îlots sont de lumière et les immensités des terres anonymes.
Ce soir, la terre est d'huile. Et si nous faisons escale jusqu'à demain, c'est en l'honneur du ciel et de ses dégradés subtils.

Le lac de l'Emay

Sortie des hauts fourneaux du ciel, l'eau se stabilise dans le godet de pierre.
Les fluides, partout remarquables et partout contenus et contraints, ne sont pas les seules eaux du lac Emay. Suivra-t-on les circulations figées des quartz et des feldspaths en fusion ? Strates, méandres, vagues, étranglements, épanchements, bulles, partout la pierre dit son état liquide.
Une cartographie de pierre se dessine, table de désorientation, lithographie originale, unique, ancienne jusqu'aux origines de cette terre. Le lichen, crânement, s'y attaque comme moisissure à l'incunable comme la rouille aux fibules antiques.
Couches, lithages, plis, ondulations, les fluides s'empilent, se colorent, se suivent, se miment et dessinent les parcours étanches et secrets de circulations et destinations inconnues, improbables.
Le lac lui-même est mystère sans approvisionnement apparent. En été, il burine pourtant la pierre entourée par le cratère du Grand Van et du Petit Taillefer.
Sa rouille attaque ici aussi par l'arête cette construction de pierre que seuls la paix du soir et l'œil lunaire apaiseront.
Les pierres sont des tableaux et le temps des origines est la matière de l'art.
L'eau dessine la nuit et les flux la mémoire et les humeurs des pierres.

Tout commence dans la douceur d'un pays oublié, en pleine vallée de la Roizonne, juste avant Lavaldens.
Les premiers regards, tout neufs, se seront réjouis des beaux terrains de pieds de versants superbement entretenus. Plantureuses limites de frênes, prairies de fauche rasées de frais, réseau de routes, de sentes, de dessertes aux murs de pierres sèches que mousses, fougères et lichens se sont mis en devoir de fondre au paysage. Un siècle plus tard, c'est chose faite et bien faite, et c'est aujourd'hui. Le torrent de Rif Bruyant laisse supposer du caractère. Il en a, dans l'acception esthétique du terme, comme on dirait d'un monument, non pas tant par l'ampleur que par la qualité de son tracé, de son débit, de ce qui le borde et l'entoure : sentiers pavés, murets, bordures de frênes et d'alisiers, bois de trembles et de hêtres en mélange, et partout la mousse et la pierre en murs, pignons et pas d'oiseau pour l'estive de Rif Bruyant, gros blocs bonzifiés en bouddhas ruisselants. Quel automne, parterre de mousses et feuilles mortes... et quel printemps quand la vie sourd, rugit de toute part. Plus haut c'est le sévère cirque de Coiro et de l'Ermitel qu'égaient cascades et audaces de mélèzes et de pins à crochets. Une cabane forestière sert de gîte d'étape (bois à volonté), un sentier en boucle a le lac pour destination, et des ambiances végétales et d'eau à déstabiliser tout récalcitrant à la randonnée en montagne.

Une troupe de chamois vous cédera peut-être cette intimité parfaite du mini-cirque des lacs de Rif Bruyant en sachant bien que c'est pour la matinée, l'après-midi tout au plus. Tout pourtant respire l'harmonie et incite à rester à demeure, cette mitoyenneté des deux lacs, plus connivence que voisinage forcé, cet îlot de verdure plus zen que les plus zen des jardins japonais. Ce collet moins monté que ne le prévoit la bienséance et combien attirant. Ce lieu d'alerte, surmonté s'il vous plaît du Château des lacs en personne, est aussi celui d'une introspection joyeuse, favorisée par un inlassable butinage visuel. À ce degré de perfection, un simple détail stoppe l'enthousiasme du vécu d'un lieu.
Alors, faites qu'une île soit et reste une île, ne jetez ni pont ni amarres à ces infimes constructions naturelles qui génèrent tant de grandioses voyages intérieurs.

La lumineuse épilobe à feuilles étroites.

Les lacs de Rif Bruyant

Le lac du Vallon

C'est un souvenir lointain, ensoleillé, un secret d'eau marine qu'un cairn longtemps convoité transmue en monument. Il occupe avec largesse et générosité tout le creux d'un cirque de pierres aux teintes volcaniques du rouge au noir, et du gros éboulis à la fine poussière de schiste. Ce grand pont de navire, échoué dans le creux de vagues de pierres pétrifiées, est une des grandes révélations du massif. En peu d'endroits, une montée vers un lac associe autant d'ambiances différentes depuis les sombres forêts de Chantelouve, aux prairies d'altitude parsemées de blocs jusqu'aux dalles et vires rocheuses, animées de cascades pour leur cirque final minéral et sévère qu'une mer intérieure

heureusement adoucit. Le parcours des crêtes est un festin visuel et botanique. Éritriches nains et renoncules des glaciers bravent la pierre. Vers le col du Rochail, les bouquetins, à peine troublés par une si soudaine débauche de mouvement, reprennent leur sieste débonnaire, mufle et cornes dans les banquettes de génépi.
Mais qu'on ne s'y trompe pas, ces trésors naturels partout recherchés, bien souvent détruits, sont ici en paix, offerts à tous après bien des années de protection minutieuse.

Le lac Gary

Trop chargés, mauvais temps. Qu'il serait doux de ne rien faire dans cette paix d'entre les eaux à peine audibles qu'un simple égrénement d'heures à la cloche du village suffit à supplanter.
Marche de silence, événement d'une salamandre, le corps et l'esprit se rodent, déjà l'insensibilité à laquelle on s'était promis se délite, déjà la caillasse et la pluie jouent de connivence et font de l'œil.
La forêt s'en mêle, beau parapluie musical comme une tente aux motifs de feuilles de hêtre. Viennent ensuite les torturés, pins à crochets qui forcent la pierre et le ciel.
Sortie sous la Tête du Vet, assemblée de chamois indifférente à ces besogneux de l'Alpe, lourds en diable, peinant de pluie. Déprime à la cabane du Vet, tant de négligences, de fer, de planches, de sacs, de fientes, tout un sale horizon ruisselant relance l'attrait pour plus d'harmonie, dernier effort vert la brèche Gary. Neige, nuit, la descente vers le lac, invisible. Brume, neige, crainte d'un bivouac à monter par ce temps-là.
Une cabane, un portillon ouvert. Tout en ordre, propre, douillet, feu possible qui aussitôt crépite. La crainte se change en fête, on a tout le temps. Le vent et les étoiles approuvent. Demain gare au Gary.
Promesse tenue, tous les matins du monde se sont concentrés dans ce lever de rideau. L'œil écoute tout ce paysage rincé de frais. Pointes Swan et Muzelle hantent le ciel de leurs fraîches cornettes. Tout est encapuchonné, étincelant. Une partition de nuages s'écrit à mi-pente sur la portée d'une montagne lisible jusqu'à l'évidence. L'œil écoute celui du Gary, malice au coin, se gorge de ses montagnes nouvelles, himalayennes, comme surgies de la nuit. Partir chargé permet parfois de refaire le monde.

Le lac Labarre

Le sac glisse de l'épaule : grimace.
La pierre appelle l'assise : grimace.
L'eau est au fond du sac : grimace intérieure.
Les pieds quittent les chaussures : début d'extase.
Une tranche de saumon, un filet de citron éclatent dans la bouche, chèvre et pain frais, bolée de soupe, fruits, thé.
Tout fait bouche, tout fait ventre, les jambes se réconcilient avec la tête.
On retrouve la vue et l'ouïe, le décor, les autres, le soleil.
On ressort peu à peu de soi, de ce soliloque de la souffrance.
C'était, c'était il y a quelque temps un projet de périple : quatre lacs en trois jours autour du Signal du Lauvitel. C'était à Valsenestre, dans cette vallée si belle du Valjouffrey où la rivière est Bonne.
C'était l'histoire ordinaire d'un rêve à partager entre peintre et photographe.
Le lac Labarre devait être la première destination avec son bivouac, puis le col de Romeïou, le rocher de la Grande Église .
Très vite, ça avait été l'agonie, nœud aux jambes, cœur qui pulse à rompre, poumons en quête d'air, regard qui cherche une issue.
Ensemble, peu à peu, ils ont réappris le pas dans pas, les pauses régulières, ils se sont émerveillés des petits riens et des "vastes -tout" si beaux, si inaccessibles, si cajoleurs pour le regard. Il y avait eu le lac, la pierre, la pelouse comme un intérieur recouvré, et les draps des névés, étendus sur la corde à linge du grand soleil qui fait office de fil de l'eau.
Il y avait eu cette deuxième naissance aux choses, cette redécouverte de l'aliment, du corps, de l'économie source d'harmonie. Il y avait eu ce bivouac, la féerie des nuits, des aubes, des rires, des langueurs au couchant, cette leçon du précieux temps perdu.
Chacun a un lac Labarre enfoui ou proche.
Un lac intérieur, un lac de poche, à base de choses aussi simples qu'essentielles puisqu'elles ne valent rien et sont cachées comme trésor.

Une signalétique propre aux Parcs nationaux, une vraie signature.

Le lac des Pissous

C'est un point d'eau, une vasque de rien du tout où l'on vient méditer, véritable bénitier de l'Olan. Ce lac des Pissous est une sorte de rince-doigts avant l'attaque de l'une des plus belles faces nord du massif, dira l'alpiniste chevronné se remémorant les Drus et autres terribles célébrités, un élancement sublime où seul chemine le regard du simple randonneur, pour qui s'aventurer dans pareille paroi confine à la fiction, au martyre, à la damnation. Pour seul repentir, pour ultime douceur, pour modeste recueillement, le petit lac des Pissous, lac qu'on pourrait croire lacrymal, de sueur et de sang, à la simple récapitulation des cordées d'efforts, des poignées de vainqueurs, des poignées de vaincus, des professions d'espérances déçues ou jamais entreprises. On pourrait l'intituler "recueillement" sans cette petitesse devant tant de grandeur, impossible de se recueillir dans le lac des Pissous quand le parcours des cimes s'échine à nous remémorer les passages possibles : brèche d'Olan, pas d'Olan, col Turbat...
Y sommeiller peut-être, à l'abri des géants dans cette belle échappée de cimes d'Orgières et des Souffles, surveillées de près par les chasseurs, dos au parc, derniers promeneurs ignorant les saisons de ce dernier dimanche avant la fermeture du refuge de Font Turbat. On y mange "les restes" et c'est encore tout un abîme gustatif qui s'ouvre. Penaud, on songe à ce que peut être l'ordinaire après cette improvisation magnifique. Les ânes, les chèvres et les gens goûtent les réveils musicaux avec Bach, et ses suites pour luth ou viole de gambe qui ne sont pas sans rappeler ou annoncer les notes égrenées par les Pissous, ces minces cordelettes d'eau pincées par la pierre et le vent. Un peu de nostalgie au coeur, on tourne le dos au lac, aux parois, on prend au refuge sa charge "de choses à redescendre" avec maintes promesses pour l'hiver et l'été prochain et on fonce au

Désert-en-Valjouffrey après maints coups d'œil en arrière, vers cet invraisemblable gardien qu'est l'Olan, le dominateur, tandis que les Pissous s'enferment dans la grande cathédrale de l'hiver dont l'austère beauté ne saurait être agrémentée d'autre musique que celle du silence.

Le lac de Pétarel

Pétarel c'est le Valgaudemar. C'est la rude beauté d'une vallée qui ne tergiverse pas. Un torrent, une route, trois maisons, le même nombre de prés, ce petit tout pris entre deux versants abrupts, dans un face-à-face grandiose de l'ombre et de la lumière, du roc et de l'arbre, de l'hiver et de l'été. Le torrent, lui, apporte à ceux d'en bas les nouvelles d'en haut. On est de l'un ou de l'autre et on ne se l'envoie pas dire. Pétarel est du même tonneau. Tout d'une pièce, solide dans son arène de roches polies, il éclate par la simplicité des mobiliers en place, la franchise du tracé, l'évidence du site tout entier voué au culte de l'Olan, cette sorte de commandeur. Pétarel saute aux yeux, il est à prendre ou à laisser. Mais, pour le caractère, il faudrait le vivre avec ses humeurs, ses saisons, ses colères et son sens de la fête. Tout cela se devine, se ressent le temps d'un simple bivouac. Théâtre d'un couchant architecturé en maître, il s'éveille dans une nudité crue, monochrome, asservi à l'Olan, sa silhouette ou son ombre. Un sorcier, fabriquant de clones, un miroitier obsessionnel. En plein midi, il joue à faire plaisir, à être conforme le temps de quelques heures encombrées des cris de l'été, des cannes à pêche et des ronds dans l'eau, repris bientôt par son démon de la métamorphose. Tritons, truites, tétras y pondent chacun à leur saison, faisant du site ambiant l'argument décisif pour conclure des amours dans le secret des lieux. Pétarel c'est la fête et ce qu'on en fait, Pétarel c'est le Valgaudemar porté à son incandescence.

Bouquet de fougères femelles dans le petit lac voisin de Pétarel.

Lac Lautier

Quelque chose se construit, un lac entre deux cols et deux refuges. On prend son élan pour les Souffles, on prend son soufle pour l'Olan. Ce lac, entre col des Clochettes et col des Colombes, est en soi un hommage à Ravel, à ses "miroirs et jeux d'eau".
Toute une musique s'écaille en notes argentées, tout un fretin de touches de lumière irise la surface de l'eau.
Éclats, pulsions, jaillissements. Une chorégraphie du silence se cherche autour de variations savantes, se joue de l'immobilité des pierres.
Des notes comme s'il en pleuvait, des rages de surface, des orbes sourdes venues du fond des eaux, des mouvements de foules prennent vie sur ce clavier de lumière. Jeux d'eau à quelques jets de pierre du col ou du refuge. Jets de lumière qui nous lavent de silence après l'échauffement des Souffles. Ce jour-là, la forge de la musique bâtissait le Lautier.

Le lac Bleu

Niché sur un maigre ressaut de ces successions rocheuses qui témoignent si parfaitement du travail ancien des glaciers, le lac Bleu est une larme qui perle à la joue du pic de la Muande. Un infime larmier conduit ces quelques sécrétions des glaces résiduelles du glacier de la Roche à cette paume en creux qu'évoque le lac Bleu. Pour beaucoup, cette insignifiance restera une interrogation entre énigme et canular, tant il sait échapper à la quête un peu inquiète du visiteur dilettante. Une fois découvert, l'eau s'y révèle d'une pureté remarquable, parfait écho d'un ciel qui se serait dilué dans la glace des Rouies que restituent quelques filets d'une eau capricieuse et fantasque. Les chamois, depuis le collet de Porteras, les crêtes du Bœuf ou de Fourrière, descendent en couples d'éterles et d'éterlous, faisant de chaque degré rocheux un promontoire. Statues vivantes, fragiles défis aux géants d'en face, Gioberney, Bans, Aupillous, ces apparitions du soir semblent en quête de leur propre image que le lac Bleu ne pourra satisfaire. Déçus et hautains, les plus cabotins descendront peut-être vers des avant-scènes plus prestigieuses, telles que le Lauzon, où l'acrobatie des chocards précède le lever de rideau d'un crépuscule théâtralisé. Au printemps, la trace d'un raquettiste dans le gros sel de la neige transformée fera immanquablement penser au passage d'une tortue aussi géante qu'improbable dont le lac Bleu aurait constitué un abri bien chiche. Quelque chose pourtant, dans la carapace des roches, impose cette résurgence du temps des origines, quelque chose en permanence est à naître.

Le Lauzon

Connivence de l'eau et de la mousse.

C'est une grande dalle miroitante retenue par de puissants polis glaciaires. Une dalle qui ménage ses effets, laissant à l'eau cascadante le déroulé vaporeux du Voile de la Mariée, aux tourbières, marécages et méandres l'accoutumance progressive à ces zones humides surélevées en plateaux qu'émaillent quelques maigres placettes de linaigrettes, pour jouer au modeste, à l'anodin le temps du premier coup d'œil. Mais que le panoramique des Bans au Sirac vienne à doubler ses dentelles de glaciers, ses dentures de roche et la fascination s'installe. Certains pensent que "la goulue", la grosse truite du

Lauzon, qu'on dit solitaire, est victime elle aussi du même pouvoir hypnotique. En fait, tout est si vaste, si ouvert, si immédiatement offert à portée de regard qu'on est comme prisonnier de ce reflet parfait, comme contraint à l'attente d'un événement, d'une touche finale.
Elle a très souvent lieu au couchant, quand, retrouvant la paix, le Lauzon tend son reflet aux chamois qui paradent sur la margelle extrême d'un puits de ciel plein à ras bord, mariant leurs silhouettes graciles aux ors d 'un Sirac finissant.
Quel autre tremplin portera le regard avec tant d'aisance du fragile au durable ?

Luminescence de la cacalie à feuille d'aliaire.

Le lac de Vallonpierre

C'est parmi les reflets celui qui dit le mieux la montagne et l'homme.
Un lac qu'on pourrait croire utilitaire tant il est associé aujourd'hui au refuge de Vallonpierre, pierre apparente et pas d'oiseau.
Il dut précéder de beaucoup ce refugeon de rien du tout : cœur de bois, habit de pierre, qui ne craint pas d'associer sa toiture à celles des plus grands, Olan, Rouies, Bans, Aupillous et Sirac.
N'orchestre-t-il pas le jour, retenant l'ombre jusqu'au clin d'œil solaire d'un matin de lumière ?
Sommets, pierres et plantes font la ronde autour de l'eau et de la lumière. C'est la fête d'un matin à Vallonpierre.
On sent les Chevrettes dans son dos.
On hésite entre Champoléon et Valgaudemar, et c'est finalement Chabournéou qui nous appelle. Envie de chamois, de fleurs et de blocs, envie de souvenirs de courses à skis, de traversées lourdes d'orages menaçants qui forgent les amitiés.
Le lac de Vallonpierre est profond de toute la rêverie fidèle qu'il génère, tout le reste n'est que frémissement de surface qui court vers l'oubli.

Le lac de Barbeyroux

Sa situation en pleine terre de bocage champsaurin, aux vastes et amples ouvertures à l'ouest, fait du lac de Barbeyroux une généreuse respiration. C'est un large réflecteur du ciel bordé à l'ouest par les lointaines et magistrales crêtes de Faraud, belles tentatives d'endiguement d'un ciel qui ennoie tout. La silhouette des quelques pins et l'or des mélèzes côté montagne ont un pouvoir de faire-valoir, celui d'un ciel omniprésent, dont les reflets prêtent aux moindres événements atmosphériques des intentions dévastatrices de puissance, de pouvoir d'amoncellement, de capacité de focalisation, de force des éléments en un lieu soudainement stratégique. Cette infime frontière entre ciel et eau, cette bordure, ce mince filet, ce nerf de la guerre devant l'imminence d'un raz de marée céleste, c'est la digue du lac de Barbeyroux. C'est là que l'œil du typhon semble en constante préparation, c'est à partir de ce point plus astronomique que terrestre que semblent se diffuser les énergies parmi lesquelles on reconnaîtra les brouillards bas, les gaz et nuages poussés tantôt du nord en lourds amoncellements, tantôt du sud en nappes largement conquérantes jusqu'aux traînées d'avions aux convergences inquiétantes et aux passées d'oiseaux aimantées elles aussi par ce point de perspective et de ralliement. Si Barbeyroux est une respiration visuelle, les barques abandonnées et la noire silhouette des pins, comme en attente de quelque embarquement sidéral, laissent présager d'un voyage plus aérien que lacustre ; un exploit pour un lac aussi modeste par la taille, l'altitude et l'ampleur du décor.

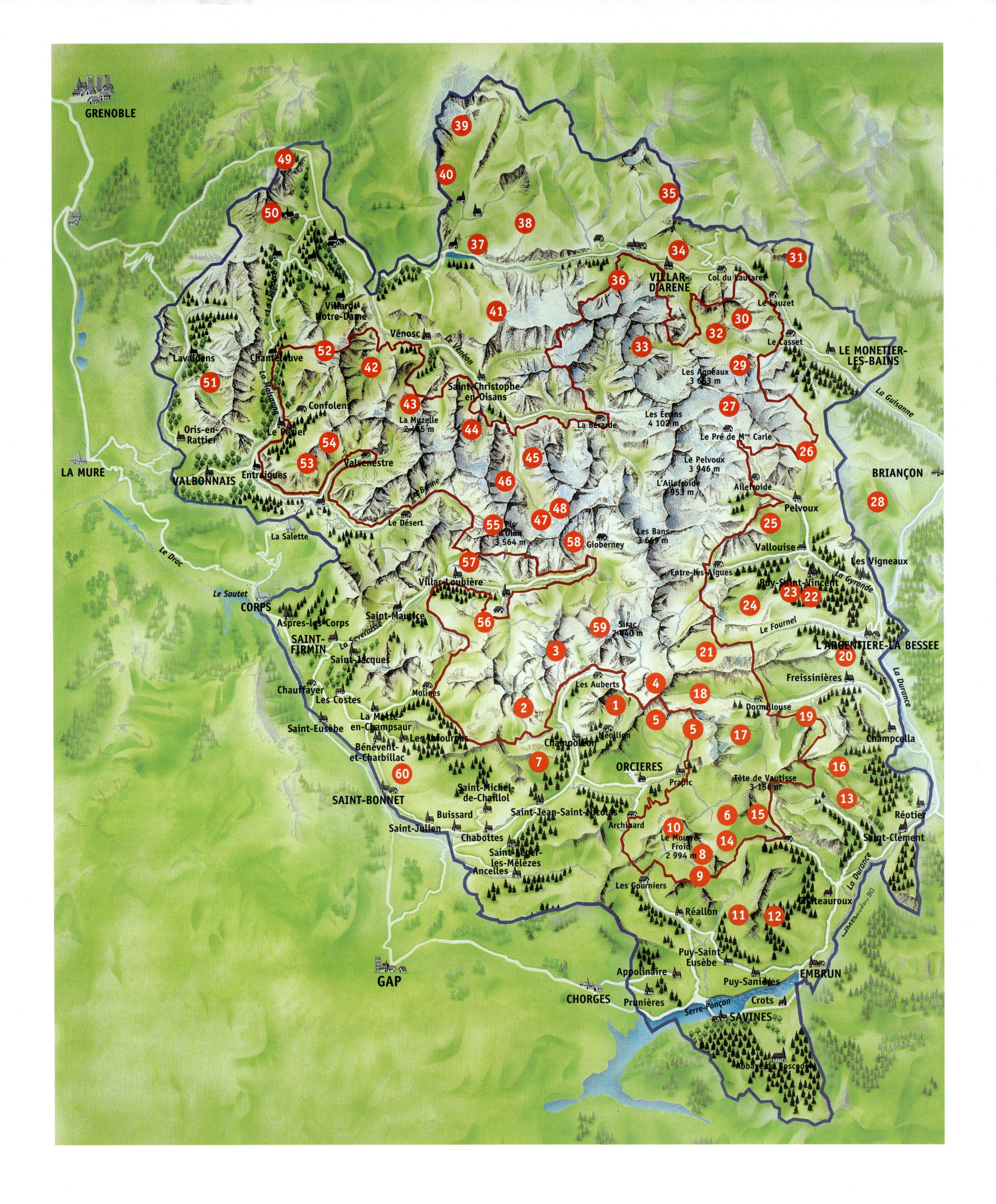

GRENOBLE
LA MURE
VALBONNAIS
Lavaldens
Oris-en-Rattier
Chantelouve
Villard-Notre-Dame
Confolens
Le Périer
Entraigues
Valsenestre
Vénosc
La Muzelle 2 465 m
Saint-Christophe-en-Oisans
La Bérarde
VILLAR-D'ARENE
Col du Lautaret
Le Lauzet
Le Casset
LE MONETIER-LES-BAINS
La Guisanne
Les Agneaux 3 663 m
Les Écrins 4 102 m
Le Pré de Mme Carle
Le Pelvoux 3 946 m
L'Ailefroide 3 953 m
Ailefroide
Pelvoux
BRIANÇON
Vallouise
Les Vigneaux
Les Bans 3 669 m
Entre-les-Aigues
Puy-Saint-Vincent
La Gyronde
Le Fournel
L'ARGENTIÈRE-LA BESSÉE
Freissinières
La Durance
Dormillouse
Champcella
Tête de Vautisse 3 156 m
Réotier
Saint-Clément
Châteauroux
EMBRUN
Crots
SAVINES
Abbaye du Boscodon
Serre-Ponçon
Puy-Sanières
Puy-Saint-Eusèbe
Réallon
Les Gourniers
Le Mourre Froid 2 994 m
Archinard
Prapic
ORCIÈRES
Les Auberts
Champoléon
Sirac 3 440 m
Gioberney
Pic d'Olan 3 564 m
Le Désert
La Bonne
Villar-Loubière
La Salette
Le Drac
Le Sautet
CORPS
Aspres-lès-Corps
Saint-Maurice
SAINT-FIRMIN
La Séveraisse
Saint-Jacques
Chauffayer
Les Costes
Molines
La Motte-en-Champsaur
Saint-Eusèbe
Les Infournas
Bénévent-et-Charbillac
SAINT-BONNET
Saint-Michel-de-Chaillol
Saint-Jean-Saint-Nicolas
Buissard
Saint-Julien
Chabottes
Saint-Léger-les-Mélèzes
Ancelles
GAP
CHORGES
Prunières
Appolinaire

Lacs des Écrins

En guise d'avertissement

Les lacs des Écrins... des écrins pour des lacs.
Le projet est le même, dans quelque sens qu'on le tourne.
Les lacs ne sont-ils pas ces morceaux de ciel posés sur terre dont parlait H. D. Thoreau ?
Mais les Écrins sont des gardiens tour à tour fiers, jaloux, intraitables, débonnaires, démonstratifs ou cachottiers.
Receleur de raretés, ce vaste territoire garde au secret ses lacs qui, pour n'être ni nombreux ni de grande envergure, offrent la rêverie ambivalente de leurs eaux : prison et évasion du ciel et des pierres.
Pour partir à leur rencontre, il n'est besoin que de désir. Les résumés volontairement succincts et simplistes qui vont suivre sont à prendre comme un carnet de rendez-vous.
Il reste à réfléchir à son habillement, à quoi emporter, à où et quoi manger, où passer la nuit. Il reste à bien établir le lieu de rendez-vous, comment se retrouver. La carte d'un sentier, d'un balisage, d'un jalonnement de cairns, de signes de reconnaissance, ne sont qu'indications d'un environnement du lac. Rien sur sa stature, son apparence, sa couleur, encore moins sur le jeu fantasque du carnaval des saisons.
Loin de mettre bas les masques, la montagne se plaît à en contempler le mystère.La neige, la glace, l'assèchement, le comblement, sont parmi les costumes les plus prisés.
Abandonnez dès à présent toute idée préconçue, tout sentiment de déjà vu, abandonnez-vous aux mystères des Écrins avec prudence, avec un sac à dos de bon sens et de pugnacité.
N'attendez que de vous-même, gardez l'esprit critique jusque dans les conseils recueillis, mais ne vous interdisez aucune curiosité.
La montagne reste la montagne et la haute montagne a ses risques plus que ses règles, qui participent de l'aventure et de la découverte.
Le carnet de rendez-vous que vous feuilletez n'aurait pas, pour chaque lieu, gardé cette candeur de l'émerveillement sans cette part de risque, de modeste aventure et de durable effort que suppose toute rencontre avec un lac des Écrins.
Les gardiennes de ces eaux closes sont les pierres et les glaces. Il est d'autres gardiens, par-delà le silence, ceux-là sont des refuges.
Ils participeront de vos découvertes futures bien plus que vous ne l'imaginez.
Appelez-les, informez-les de vos intentions.
Un tableau récapitule leurs coordonnées, gîtes d'étape compris.
Ces rendez-vous avec un lac, s'ils gardent encore ce parfum de mystère, c'est qu'ils sont dans un vaste territoire protégé : le Parc national des Écrins.

Une simple recherche d'harmonie établie sur les bases de la discrétion, de l'autonomie, de la bienséance avec les êtres et les choses de la nature et des hommes est évidemment la règle.
Elle est aussi la condition pour des découvertes, des émotions, des événements.
Donc pas de cueillette ni de destructions, pas de feu, pas d'armes, pas de bruits, pas de chiens. Une tente bivouac pour la nuit seulement et, pourquoi pas, – et peut-être surtout – un carnet de voyages...
Tous les gens d'ici sont fiers de leur montagne, tous les témoignages de votre propre interprétation créeront des liens durables.
Bon, partez maintenant !
Vous allez manquer votre premier rendez-vous !

1 Cédéra

Superficie : 0,67 ha
Vallée : Champoléon
Dénivelée : 1 390 m
Altitude : 2 660 m
Au départ de : Les Borels
Pêche : oui
Carte : Top 25 IGN 3437 OT D4
Altitude départ : 1270 m
Temps de montée : 4 h 30
Accès : D 944 vallée de Champoléon jusqu'au Borels.
Itinéraire : la rue du village se poursuit en sentier et s'enfonce dans la gorge de Méollion et ses vastes dalles de grès. En rive droite du torrent, le sentier passe au vieux village abandonné de Méollion puis se poursuit dans le vallon. Laisser sur sa droite le sentier menant au col d'Alibrande et traverser une succession de combes jusqu'à une barre rocheuse qui marque la séparation entre le col de Méollion à droite et le lac de Cédéra à gauche.

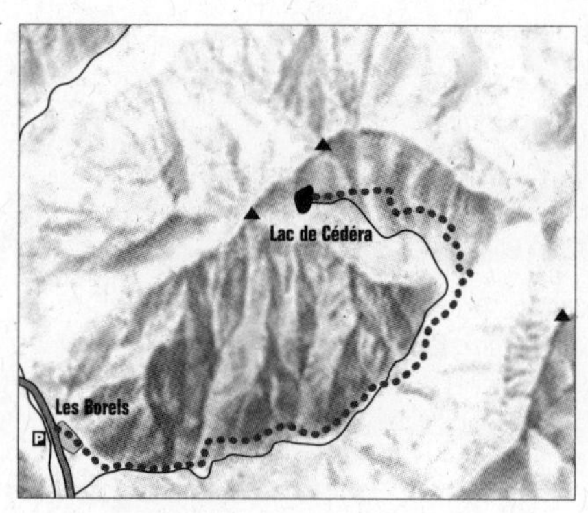

2 Mal Cros et Selliers

Vallée : Champoléon
Dénivelée : 1 440 m
Altitude : 2 820 m
Au départ de : Les Fermons
Pêche : non
Carte : Top 25 IGN 3437 OT E3
Altitude départ : 1 380 m
Temps de montée : 3 h 30
Accès : vallée de Champoléon, parking au hameau des Fermons.
Itinéraire : emprunter le sentier qui accède jusqu'aux chalets du refuge du Tourrond. Remonter le sentier au dessus du refuge jusqu'a la cabane communale pour s'engager dans le vallon de Mal Cros en longeant les crêtes de l'Arche. Le lac récent est formé par la fonte d'un gros névé au plus chaud de l'été. On accède au lac des Selliers en empruntant le vallon de la Muande à partir de la cabane communale.

3 Crupillouse

Vallée : Champoléon
Dénivelée : 1 300 m
Altitude : 2 650 m
Au départ de : Les Beaumes
Pêche : oui
Carte : Top 25 IGN 3437 0T C4
Altitude départ : 1 350 m
Temps de montée : 4 h 30
Accès : D 944 vallée de Champoléon jusqu'au village des Baumes.
Itinéraire : prendre l'itinéraire du col de val d'Estrèche et le délaisser peu après pour prendre à droite vers les cascades de Crupillouse. De nombreux lacets à travers les gradins rocheux puis s'orienter vers le fond du vallon. Traverser le torrent pour arriver jusqu'aux lacs de Crupillouse. Le col du Veyre permet de contempler l'ensemble des lacs.

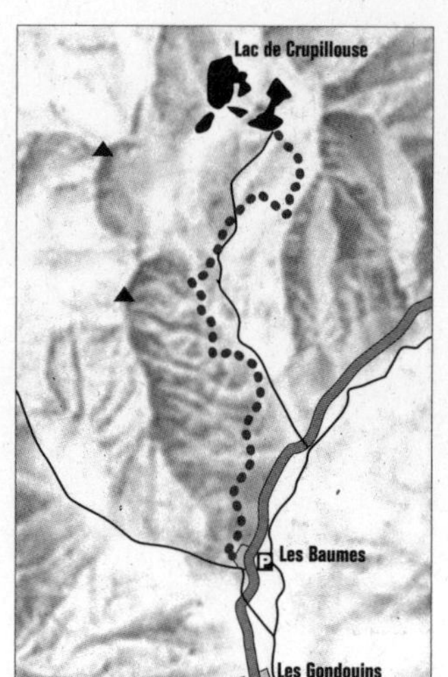

4 Prelle ou Surat

Vallée : Champoléon
Altitude : 2 180 m
Dénivelée : 1 000 m
Au départ de : Les Auberts
Pêche : non
Carte : Top 25 IGN 3437 ET D1
Altitude départ : 1 470 m
Temps de montée : 3 h 15
Accès : vallée de Champoléon, au bout de la D 472, parking des Auberts.
Itinéraire : emprunter le GR 542 (tour du Vieux Chaillol) qui accède au refuge du Pré de la Chaumette, puis le GR 54 en direction du pas de la Cavale. Le laisser sur la droite pour suivre l'itinéraire du col du Cheval de Bois à 2 473 m. Redescendre dans l'alpage plein ouest pour contourner le Rouite et découvrir le lac vers 2 200 m.

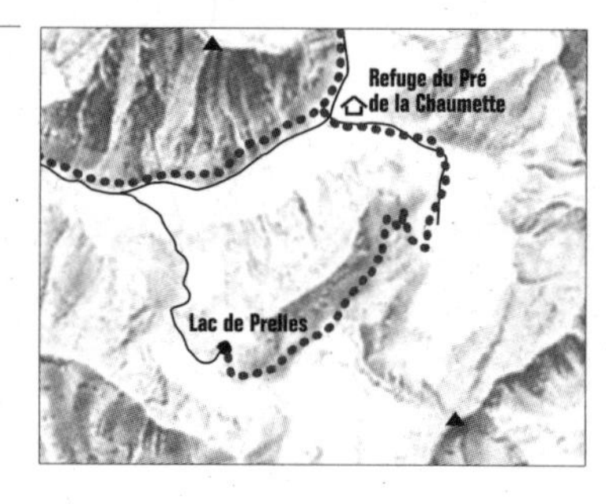

5 Jujal, Sirènes, Profond, Long, Jumeaux, Estaris, des Pisses

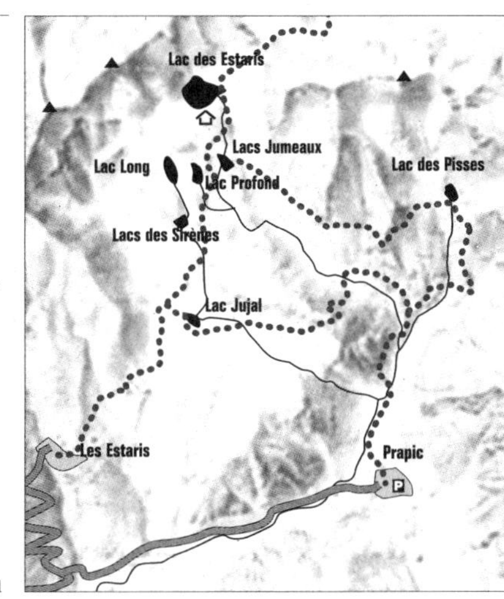

Vallée : Champsaur
Dénivelée : 710 m
Altitude : 2 560 m
Au départ de : Merlette
Pêche : non
Carte : Top 25 IGN 3437 ET E1
Altitude départ : 1 850 m
Temps de montée : 2 h 30
Accès : Orcières-Merlette.
Itinéraire : prendre le chemin en direction du Forest des Estaris et continuer jusqu'au lac Jujal. Continuer le sentier jusqu'à la cabane Pastorale à proximité du lac des Sirènes. Le chemin passe ensuite au lac Profond. En prenant le sentier de gauche on arrive au lac Long surplombé par le télésiège des lacs. Continuer jusqu'au Grand lac des Estaris. En poursuivant, on passe devant les lacs Jumeaux, puis, après une longue traversée horizontale, jusqu'au lac des Pisses (prévoir 5 h). Retour par le même itinéraire. Accès possible au départ du chalet des Roches Rousses (2 280 m) par une piste peu carrossable. L'accès au lac des Pisses est possible aussi au départ de Prapic, direction le tombeau du poète puis continuer le sentier de droite jusqu'au lac.

6 Rougnoux

Vallée : Champsaur
Dénivelée : 980 m
Altitude : 2 526 m
Au départ de : Prapic
Pêche : non
Carte : Top 25 IGN 3437 ET G2
Altitude départ : 1 550 m
Temps de montée : 3 h
Accès : Orcières, hameau de Prapic.
Itinéraire : prendre le sentier qui longe le torrent du Drac en direction du col des Tourettes. Passer la chapelle de la Saulce puis le Saut du Laire, poursuivre vers le col des Tourettes et laisser à gauche le sentier du col des Terres Blanches. Au dessus de la Barre des Rougnoux, partir hors sentier à gauche vers la station météo puis le lac des Rougnoux.

7 Estang ou Clos Lamiande

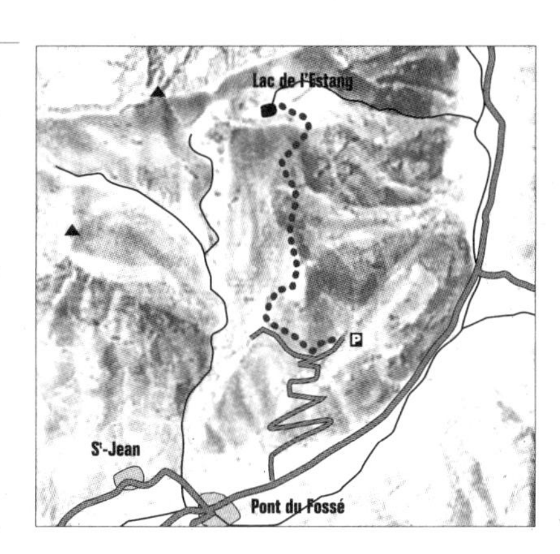

Vallée : Champsaur
Dénivelée : 660 m
Altitude : 2 160 m
Au départ de : Les Richards
Pêche : non
Carte : Top 25 IGN 3437 OT E3
Altitude départ : 1 500 m
Temps de montée : 2 h 30
Accès : à la sortie de Pont du Fossé, D 481 à gauche jusqu'au hameau des Richards.
Itinéraire : en rive gauche du torrent des Bonnets, prendre le sentier en direction de la Coche puis à gauche vers les aiguilles de Pertuis. Suivre le GR 542 (tour du Vieux Chaillol) puis prendre le sentier qui monte à gauche dans le vallon de Clos Lamiande pour découvrir le lac au pied de la Pousterle. Accès possible aussi par le hameau du Clapier à l'entrée de la Vallée de Champoléon.

8 Confrérie

Vallée : Réallon
Dénivelée : 860 m
Altitude : 2 340 m
Au départ de : Les Gourniers
Pêche : non
Carte : Top 25 IGN 3437 ET H2
Altitude départ : 1480 m
Temps de montée : 3 h
Accès : Réallon jusqu'au hameau des Gourniers.
Itinéraire : en rive droite du torrent de Réallon, prendre le sentier vers la chapelle Saint-Marcellin et poursuivre jusqu'à la cabane de Chargès puis obliquer à gauche dans le cirque de Chargès jusqu'à la cote 2350, dernier replat avant les barres rocheuses de la Diablée qui dominent le petit lac de la Confrérie. Retour par le même itinéraire.

9 Revire Souléou

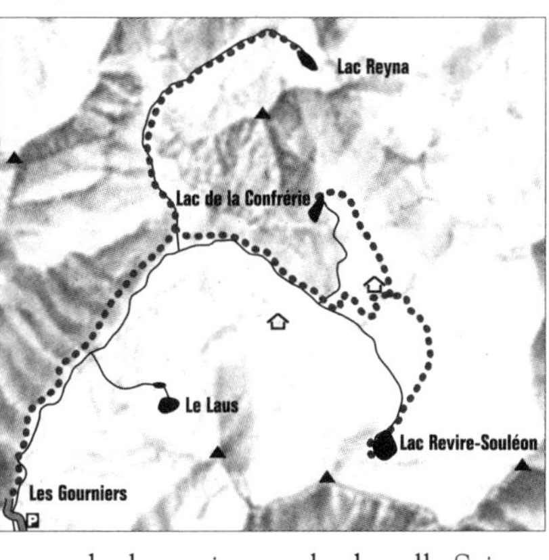

Vallée : Réallon
Dénivelée : 840 m
Altitude : 2 320 m
Au départ de : Les Gourniers
Pêche : non
Carte : Top 25 IGN 3437 ET I1
Altitude départ : 1 480 m
Temps de montée : 3 h
Accès : Réallon jusqu'au hameau des Gourniers.
Itinéraire : en rive droite du torrent de Réallon, prendre le sentier vers la chapelle Saint-Marcellin et poursuivre jusqu'à la cabane de Chargès puis suivre le sentier du col de la Règue, prendre à droite dans la combe de la Règue vers la pointe de Revire Souléou pour arriver jusqu'au lac. Retour par le même itinéraire.

10 Reyna

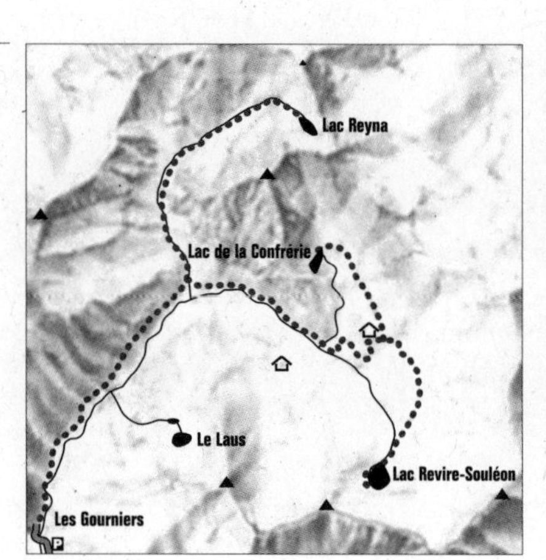

Vallée : Réallon
Dénivelée : 1 215 m
Altitude : 2 695 m
Au départ de : Les Gourniers
Pêche : non
Carte : Top 25 IGN 3437 ET H2
Altitude départ : 1 480 m
Temps de montée : 4 h 00
Accès : Réallon puis le hameau des Gourniers.
Itinéraire : en rive droite du torrent de Réallon, prendre le sentier vers la chapelle Saint-Marcellin et prendre vers 1 760 m le sentier de gauche en direction de la cabane de la Vieille Selle. Poursuivre le long du torrent de Serre Reyna jusqu'au lac. Un autre itinéraire est également possible au départ de Prapic. Monter jusqu'au Saut du Laire, contourner le Pré Brune pour suivre le petit sentier qui se dirige vers les Courdellias puis monter hors sentier jusqu'au col Reyna. Le lac est juste derrière.

Brun

Vallée : Embrunais
Dénivelée : 800 m
Altitude : 2 343 m
Au départ de : Puy-Saint-Eusèbe (la Sellette)
Pêche : non
Carte : Top 25 IGN 3437 ET J2
Altitude départ : 1 550 m
Divers : temporaire
Temps de montée : 3 h
Accès : Puy-Saint-Eusèbe puis piste carrossable GR 50 jusqu'à l'épingle à 1 550 m.
Itinéraire : poursuivre le GR 50 (tour du haut Dauphiné) jusqu'à Clot Bouffier. A la croix, prendre le petit sentier qui monte d'abord à droite puis qui continue plein nord. On rejoint le GR 50 en provenance de Réallon. Continuer en rive gauche du torrent de Reyssas puis prendre à droite dans le vallon de la Baume, remonter ensuite au Clot de la Selle pour atteindre le lac au dessus, sur le replat de Thumas. Retour par le même itinéraire. Itinéraire possible aussi au départ de Réallon (GR 50).

Hivernet

Vallée : Embrunais
Dénivelée : 770 m
Altitude : 2 352 m
Au départ de : Pré Clos
Pêche : non
Carte : Top 25 IGN 3437 ET J3
Altitude départ : 1 587 m
Temps de montée : 2 h
Accès : Embrun, route de Caleyère puis route forestière vers Folampelle et parking dans l'épingle au dessus.
Itinéraire : de la barrière, poursuivre à pied jusqu'au Pré Clot puis prendre le sentier de droite. Suivre les marques jaunes qui jalonnent la montée au lac de l'Hivernet.

13 Laus

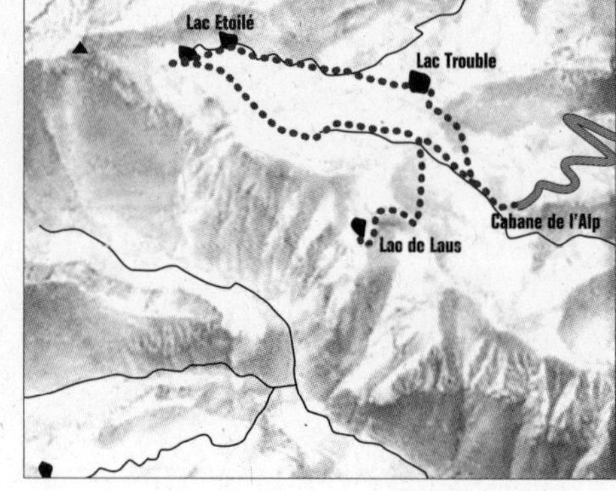

Vallée : Durance
Dénivelée : 360 m
Altitude : 2 550 m
Au départ de : Cabane de l'Alp (Champcella)
Pêche : non
Carte : Top 25 IGN 3437 ET G4
Altitude départ : 2 390 m
Temps de montée : 1 h 30
Accès : Champcella, le Ponteil puis route forestière vers cabane de la Selle jusqu'à la cabane de l'Alp
Itinéraire : remonter le vallon du torrent de l'Alp en direction de la Tête de Vautisse puis prendre sur la gauche le sentier qui rejoint la crête de Fouran, basculer ensuite à droite pour surplomber le lac du Laus en balcon au dessus du vallon de Couleau. Il est alors possible de descendre jusqu'au lac. Retour par le même itinéraire.

14 Dent

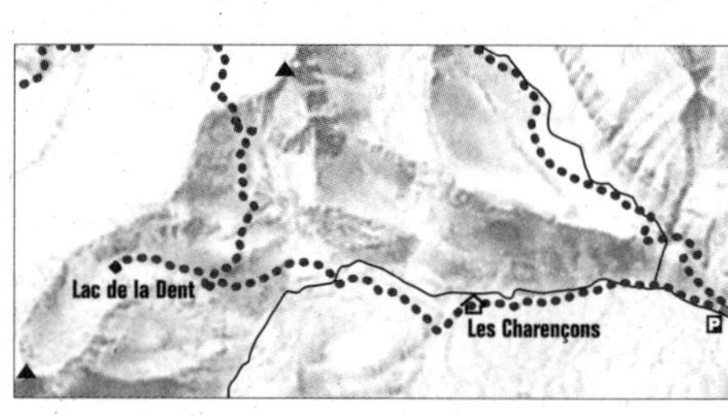

Vallée : Rabioux
Dénivelée : 825 m
Altitude : 2 400 m
Au départ de : parking de la cascade de la Pisse
Pêche : non
Carte : Top 25 IGN 3437 ET G3
Altitude départ : 1 575 m
Temps de montée : 3 h
Accès : Châteauroux-les-Alpes puis vallon du Rabioux vers le gîte "les Charançons".
Itinéraire : emprunter la route jusqu'au gîte d'étape et poursuivre le sentier du col des Tourettes. Vers la cote 2000, entamer une traversée hors sentier plein ouest sous les crêtes de la Dent en direction du Mourre Froid. Le lac est au pied du cirque du Mourre Froid, versant est. Retour par le même itinéraire.

15 Distroit

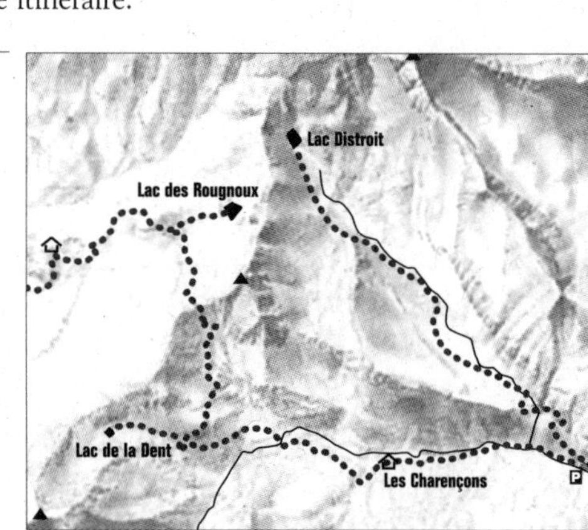

Vallée : Rabioux
Dénivelée : 1 000 m
Altitude : 2 585 m
Au départ de : parking de la cascade de la Pisse
Pêche : non
Carte : Top 25 IGN 3437 ET G3
Altitude départ : 1 575 m
Temps de montée : 3 h
Accès : Châteauroux-les-Alpes puis vallon du Rabioux jusqu'au parking de la cascade de la Pisse.
Itinéraire : quelques centaines de mètres avant le parking, emprunter le sentier qui conduit sans difficulté jusqu'au lac du Distroit. Ensuite la montée à la Pointe des Rougnoux permet de découvrir le lac des Rougnoux coté Champsaur, d'y descendre éventuellement pour effectuer un retour par le col des Tourettes. (boucle de 8 h).

16 Etoilé et Trouble

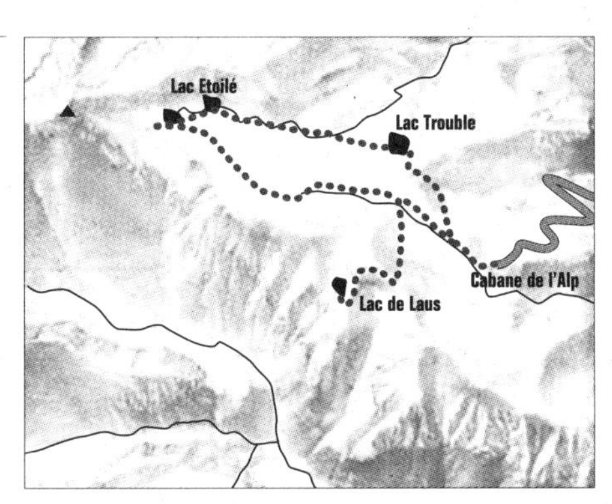

Vallée : Durance
Dénivelée : 350 m
Altitude : 2 730 m
Au départ de : Cabane de l'Alp (Champcella)
Pêche : non
Carte : Top 25 IGN 3437 ET F3
Altitude départ : 2 390 m
Temps de montée : 2 h
Accès : Champcella, le Ponteil puis route forestière vers cabane de la Selle jusqu'à la cabane de l'Alp.
Itinéraire : remonter le vallon du torrent de l'Alp en direction de la Tête de Vautisse et rejoindre, dans le vallon de la Selle, le lac Etoilé ainsi qu'un petit lac anonyme avant la pente terminale de Tête de Vautisse. Prendre le sentier qui longe le torrent de Feyssolle puis, à 2 474 m, longer les Terres Noires jusqu'au lac Trouble. Pour le retour, prendre le chemin qui rejoint au sud-est la cote 2 515 m puis redescendre à la cabane de l'Alp. Prévoir 5 h pour la boucle.

17 Palluel, Faravel et Fangeas

Superficie : 3 ha
Vallée : Fressinière
Dénivelée : 1 030 m
Altitude : 2 470 m
Au départ de : Dormillouse
Pêche : oui
Carte : Top 25 IGN 3437 ET E2
Altitude départ : 1 440 m
Temps de montée : 2 h 30
Accès : vallée de Fressinière D 38, parking des cascades au bout de la route.
Itinéraire : du parking, monter à Dormillouse puis au lac Palluel par un itinéraire commun avec le col de Fressinières. Prendre le sentier de gauche à la séparation puis à droite au second croisement à la sortie du bois au lieu-dit la Louyère pour atteindre la cabane de Palluel puis le lac. Une traversée d'une petite heure permet de rejoindre le lac Faravel. Là, il est possible de redescendre vers Peyrourasses puis à gauche vers la cabane de Faravel. Rejoindre au sud le fond du torrent de Ruffy pour le suivre jusqu'au lac des Fangeas, puis suivre le sentier des Oulles qui redescend vers Dormillouse et le parking (pour la boucle, 6 à 7 h).

18 Lauzeron

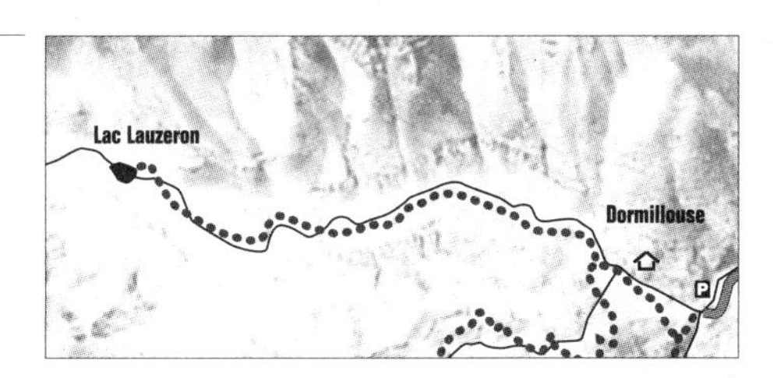

Vallée : Fressinière
Dénivelée : 810 m
Altitude : 2 255 m
Au départ de : Dormillouse
Pêche : non
Carte : Top 25 IGN 3437 ET D2
Altitude départ : 1440 m
Divers : temporaire
Temps de montée : 3 h
Accès : vallée de Fressinière D 38, parking des cascades au bout de la route.
Itinéraire : du parking, monter à Dormillouse puis prendre la direction du col de Fressinières. Remonter rive droite le torrent de Chichin pour atteindre le lac temporaire du Lauzeron vers 2 250 m, après la cabane pastorale de Chichin.

19 Le Lauzeron

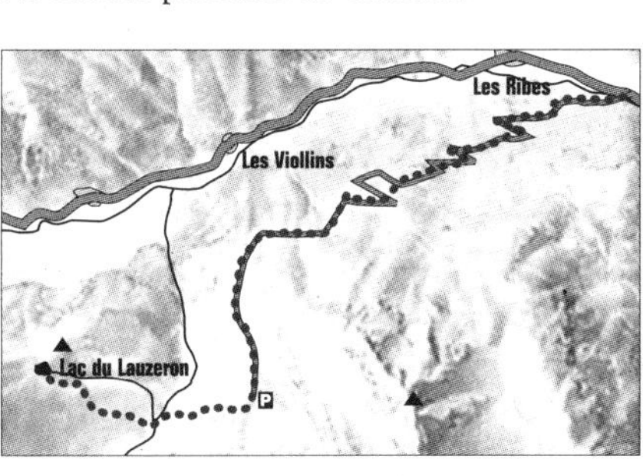

Vallée : Fressinière
Dénivelée : 350 m
Altitude : 2 310 m
Au départ de : Cabane de la Valette
Pêche : non
Carte : Top 25 IGN 3437 ET E3
Altitude départ : 1 960 m
Divers : lac temporaire
Temps de montée : 1 h 30

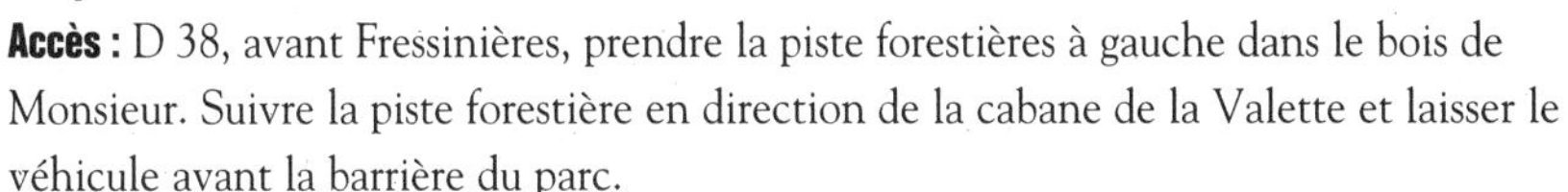

Accès : D 38, avant Fressinières, prendre la piste forestières à gauche dans le bois de Monsieur. Suivre la piste forestière en direction de la cabane de la Valette et laisser le véhicule avant la barrière du parc.
Itinéraire : remonter hors sentier en direction du Testasson, le lac du Lauzeron est très près de la crête. Il s'assèche très rapidement en été.

20 Lauzes

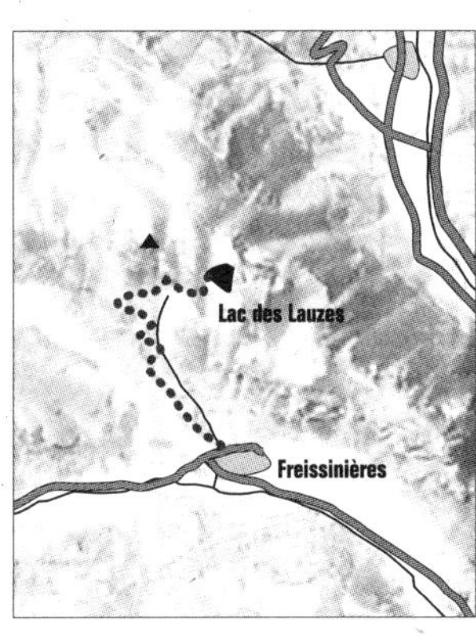

Vallée : Fressinières
Dénivelée : 0 m
Altitude : 1 834 m
Au départ de : col des Lauzes
Pêche : non
Carte : Top 25 IGN 3437 ET C4
Altitude départ : 1 834 m
Divers : temporaire
Accès : Fressinières, la route pastorale puis forestière, carrossable jusqu'au col des Lauzes.
Itinéraire : le lac est au col, sur le GR 50-541. L'accès est également possible par la piste forestière qui part du vallon du Fournel en direction des Rousse et col d'Anon.

21 Grande Cabane

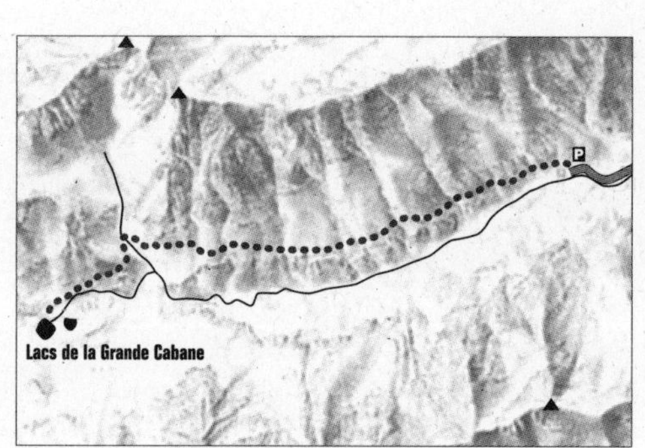

Vallée : Fournel
Dénivelée : 680 m
Altitude : 2 234 m
Au départ de : Pont des Deslioures
Pêche : non
Carte : Top 25 IGN 3437 ET-C2
Altitude départ : 1 560 m
Temps de montée : 2 h 30
Accès : L'Argentière-la-Bessée puis vallon du Fournel jusqu'au parking du Pont de Deslioures.
Itinéraire : prendre le GR 541 au dessus du parking en direction du pas de la Cavale. Suivre le sentier jusqu'à la Grande Cabane puis partir plein est hors sentier pour découvrir ce lac protégé des moutons.

22 Sagnes, Charbonnières, Lauzes et Poutilles

Vallée : Puy-Saint-Vincent
Dénivelée : 290 m
Altitude : 2 000 m
Au départ de : col de la Pousterle
Pêche : non
Carte : Top 25 IGN 3437 ET B4
Altitude départ : 1 710 m
Divers : lacs temporaires
Temps de montée : 0 h 30
Accès : Puy-Saint-Vincent, Prey d'Aval, Prey d'Amont puis col de la Pousterle.
Itinéraire : depuis le col de la Pousterle, itinéraire en boucle à partir de l'aire de pique-nique, prendre le sentier qui conduit directement au lac des Charbonnières. L'orientation n'est pas évidente dans la forêt de mélèzes. Continuer le chemin vers le lac des Lauzes puis contourner Château Lebrun pour rejoindre le lac des Poutilles sur après le petit col. Redescendre vers le col de la Pousterle pour atteindre le lac des Sagnes avant l'aire de pique-nique. L'accès du col de la Pousterle est également possible à partir du vallon du Foumel.

23 Hermes

Vallée : Puy-Saint-Vincent
Dénivelée : 220 m
Altitude : 1 926
Au départ de : col de la Pousterle
Pêche : non
Carte : Top 25 IGN 3437 ET B3
Altitude départ : 1 710 m
Temps de montée : 0 h 45
Accès : Puy-Saint-Vincent, Prey d'Aval, Prey d'Amont puis col de la Pousterle.
Itinéraire : prendre le sentier qui part plein ouest sous la Tête de Rochaille, continuer le chemin sous la crête de la Coste de l'Ase pour rejoindre le lac des Hermes, appelé également lac du Coué.

24 Neyzets

Vallée : Puy-Saint-Vincent
Dénivelée : 380 m
Altitude : 2 718 m
Au départ de : Narreyroux
Pêche : non
Carte : Top 25 IGN 3437 ET B2
Altitude départ : 1840 m
Temps de montée : 3 h 30
Accès : Puy-Saint-Vincent, chapelle Saint-Vincent, vallon de Narreyroux puis Narreyroux d'Amont.
Itinéraire : continuer à pied le sentier qui remonte le vallon, passer les cascades puis continuer en direction du col des Queyrettes le long du torrent de la Combe pour atteindre le tout petit lac des Neyzets à 2 718 m.

25 Puy Aillaud

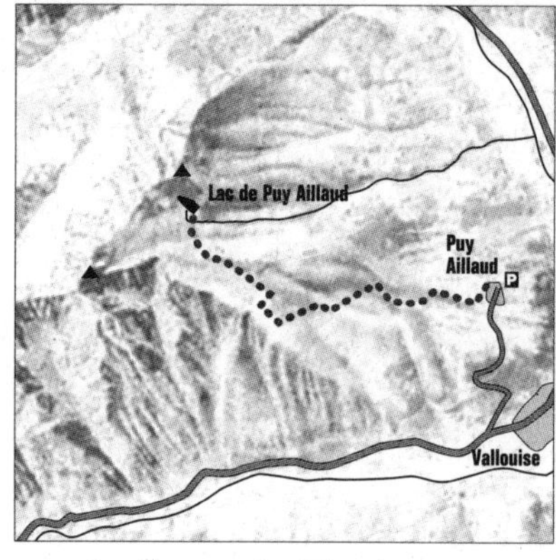

Vallée : Vallouise
Dénivelée : 920 m
Altitude : 2 535 m
Au départ de : Puy Aillaud
Pêche : non
Carte : Top 25 IGN 3436 ET I4
Altitude départ : 1 610 m
Temps de montée : 3 h
Accès : Vallouise, Puy Aillaud parking avant le hameau.
Itinéraire : dans le hameau, prendre le sentier qui permet l'accès à La Blanche. Au petit col après la Croix du Chastellet, continuer au nord en redescendant un peu jusqu'au lac de Puy Aillaud.

26 Eychauda

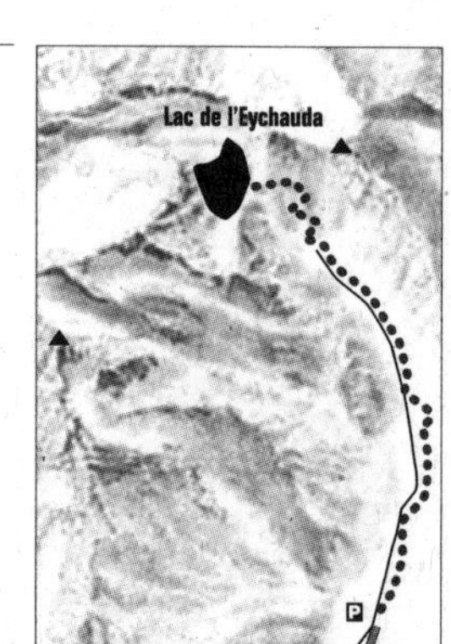

Superficie : 15,2 ha
Vallée : Vallouise
Dénivelée : 800 m
Altitude : 2 515 m
Au départ de : Chambran (Pelvoux)
Pêche : non
Carte : Top 25 IGN 3436 ET F4
Altitude départ : 1 720 m
Temps de montée : 2 h 50
Accès : parking aux chalets de Chambran après Pelvoux le Sarret.
Itinéraire : depuis les chalets, suivre le sentier qui remonte le torrent de l'Eychauda en laissant le GR 54 sur la droite. Remonter le versant abrupt de la Coste de Laou pour déboucher sur le lac.

27 Tuckett

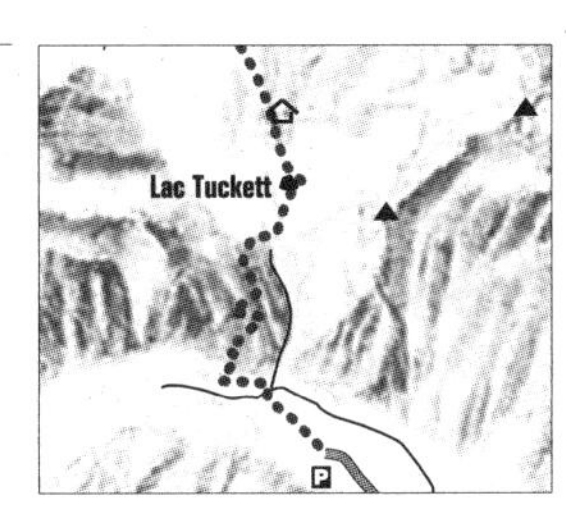

Vallée : Vallouise
Altitude : 2 438 m
Dénivelée : 570 m
Au départ de : pré de Mme Carle
Pêche : non
Carte : Top 25 IGN 3436 ET I4
Altitude départ : 1 874 m
Temps de montée : 1 h 45
Accès : Vallouise, Ailefroide puis parking au Pré de Mme Carle.
Itinéraire : prendre le sentier qui permet l'accès au refuge du Glacier-Blanc. Le tout petit lac Tuckett se trouve juste après l'ancien refuge du même nom.

28 Partias et Prelles ou Trancoulette

Vallée : Durance
Altitude : 2 104 m
Dénivelée : 450 m
Au départ de : Les Combes
Carte : Top 25 IGN 3536 OT C3
Altitude départ : 1 850 m
Temps de montée : 2 h 30
Accès : Briançon, Puy St André et parking au hameau des Combes.
Itinéraire : prendre le sentier qui pénètre dans la réserve naturelle des Partias et le suivre jusqu'au lac des Partias. Remonter ensuite au col de la Trancoulette (2 293 m) pour découvrir les petit lacs de Prelles ou de la Trancoulette au dessus du Clot des Amandiers.

29 Arsine et Douche

Superficie : 2,7 ha
Vallée : Guisane
Dénivelée : 885 m
Altitude : 2 455 m
Au départ de : Le Casset-du-Monétier
Pêche : non
Carte : Top 25 IGN 3436 ET D3
Temps de montée : 3 h 00
Accès : hameau du Casset sur RN 91.
Itinéraire : le sentier GR 54 (tour de l'Oisans) emprunte le vallon du Petit Tabuc dans un magnifique mélézein. Après le lac de la Douche, le sentier se poursuit jusqu'au col d'Arsine. Après les moraines du glacier, on atteint le lac du glacier d'Arsine. Un autre accès est possible par le Pied du Col, parking du pont d'Arsine sur la commune de Villar d'Arène ou du col du Lautaret.

30 Combeynot

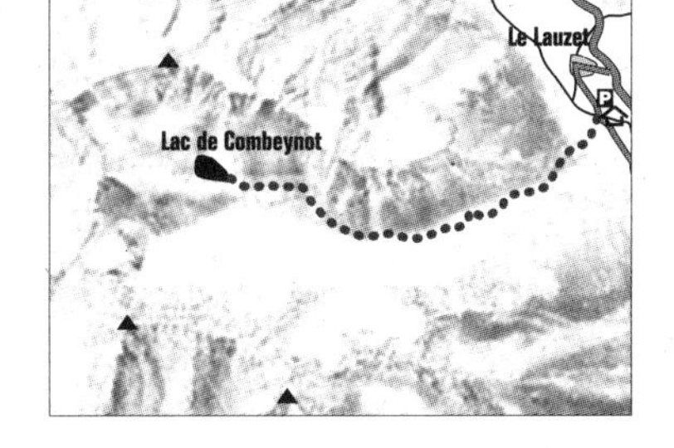

Superficie : 3,45 ha
Vallée : Guisane
Dénivelée : 925 m
Altitude : 2 555
Au départ de : Les Boussardes
Pêche : non
Carte : Top 25 IGN 3436 ET C3
Altitude départ : 1 630 m
Divers : à sec en 1976
Temps de montée : 3 h 00
Accès : hameau des Boussardes, le Lauzet RN 91.
Itinéraire : c'est un unique sentier qui remonte le vallon du Fontenil jusqu'au lac.

31 Grand Lac, Ponsonnière et Crouserocs

Vallée : Guisanne
Dénivelée : 580 m
Altitude : 2 282 m
Au départ de : Le Pont de l'Alpe du Lauzet
Pêche : oui
Carte : Top 25 IGN 3436 ET A4
Altitude départ : 1 710 m
Temps de montée : 1 h 45
Accès : N 91, parking du Pont de l'Alpe du Lauzet.
Itinéraire : prendre le sentier jusqu'au hameau de l'Alpe du Lauzet puis prendre le sentier à gauche qui remonte en rive gauche du torrent du Plan Chevalier pour atteindre directement le Grand Lac. Un sentier plus facile pour des enfants contourne les arêtes de la Bruyère. De la bergerie qui surplombe le Grand Lac, il est possible de continuer au nord par le sentier qui mène en 1 h au lac de la Ponsonnière. De là, prendre le sentier au dessus du lac qui part sud-est, pour atteindre le minuscule lac des Crouserocs.

32 Etoile

Vallée : Romanche
Dénivelée : 660 m
Altitude : 2 230 m
Au départ de : Pied du Col (Villar-d'Arène)
Pêche : non
Carte : Top 25 IGN 3436 ET D3
Altitude départ : 1 570
Temps de montée : 2 h 45
Accès : au Pied du Col, parking après la base de loisirs.
Itinéraire : par le GR 54, remonter le cours de la romanche rive droite, passer le pas d'Anna Falque pour rejoindre le refuge de l'Alpe de Villar d'Arène puis poursuivre en direction du col d'Arsine. Le lac se trouve à l'écart du sentier à droite vers 2 200 m après le lieu dit La Roche aux Oiseaux. L'accès par le Casset, lac de la Douche, puis col d'Arsine est également possible.

33 Pavé et Pers

Vallée : Romanche
Dénivelée : 1 130 m
Altitude : 2 840 m
Au départ de : Pied du Col (Villar d'Arène)
Pêche : non
Carte : Top 25 IGN 3436 ET C2
Altitude départ : 1 710 m
Temps de montée : 5 h
Accès : au Pied du Col, parking après la base de loisirs.
Itinéraire : par le GR 54, remonter le cours de la Romanche rive droite, passer le pas d'Anna Falque pour rejoindre le refuge de l'Alpe de Villar d'Arène puis redescendre le long de la Romanche et atteindre le tout petit lac Pers. Continuer pour prendre à Valfourche le sentier de droite en direction du refuge du Pavé A partir de 2 580 m, il est possible de rejoindre le lac et le refuge par un sentier assez escarpé avec passage de câble. Sinon continuer dans le cirque sous le pic Nord des Cavales jusqu'à 2 890 m pour atteindre ensuite le lac du Pavé par la droite.

34 Pontet

Vallée : Romanche
Dénivelée : 130 m
Altitude : 1 980 m
Au départ de : Les Cours-Villar d'Arène
Pêche : oui
Carte : Top 25 IGN 3436 ET A2
Altitude départ : 1 850 m
Temps de montée : 0 h 20
Accès : Villar d'Arène, les Cours jusqu'au parking.
Itinéraire : prendre le sentier qui passe au dessus du hameau du Chazelet et qui aboutit au lac du Pontet.

35 Goléon

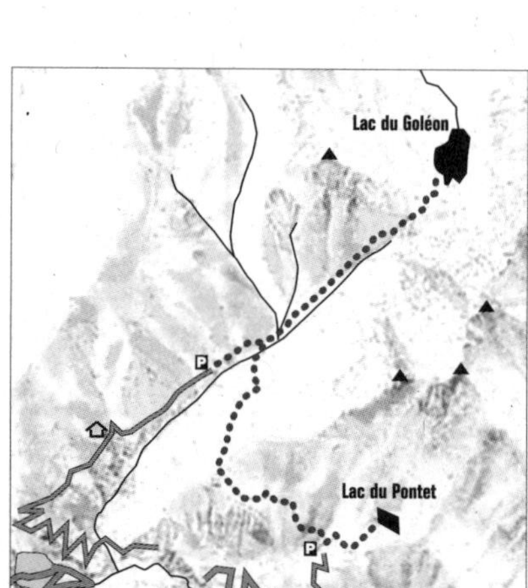

Vallée : Romanche
Dénivelée : 600 m
Altitude : 2 438 m
Au départ de : hameau Valfroide
Pêche : oui
Carte : Top 25 IGN 3435 ET
Altitude départ : 1 874 m
Temps de montée : 2 h 00
Accès : La Grave puis hameau de Valfroide.
Itinéraire : le sentier remonte en rive droite du torrent de Maurian jusqu'au verrou d'un ancien dépôt morainique.

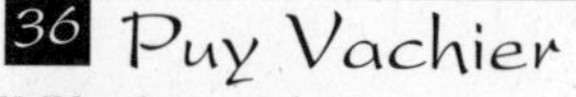

36 Puy Vachier

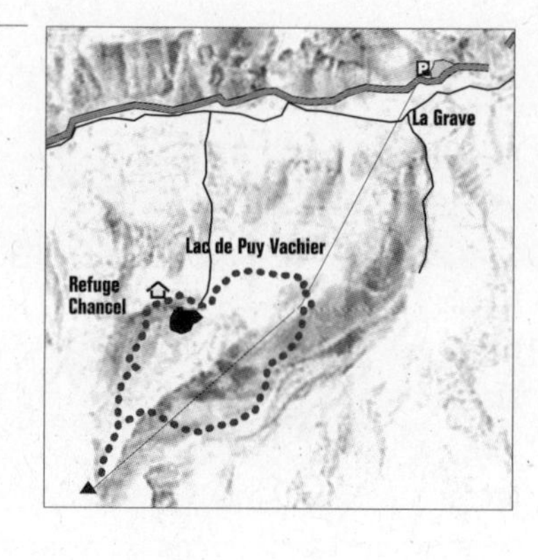

Vallée : Romanche
Dénivelée : 50 m
Altitude : 2 380 m
Au départ de : La Grave
Pêche : oui
Carte : Top 25 IGN 3436 ET B1
Altitude départ : 2 420 m
Temps de montée : 0 h 50
Accès : La Grave, gare intermédiaire du Peyrou d'Amont du téléphérique de la Meije.
Itinéraire : descendre sous le téléphérique par un sentier qui bifurque rapidement à gauche en direction du refuge Chancel et du lac de Puy Vachier.

37 Lovitel

Vallée : Romanche
Dénivelée : 170 m
Altitude : 1 460 m
Au départ de : Les Aymes
Pêche : non
Carte : Top 25 IGN 3336 ET A4
Altitude départ : 1 290 m
Temps de montée : 1 h 00
Accès : Mizoën puis le parking au hameau des Aymes.
Itinéraire : suivre la variante du GR 50-54 en balcon au dessus du lac du Chambon pour atteindre avant le refuge des Clots le lac Lovitel et son sentier d'interprétation.

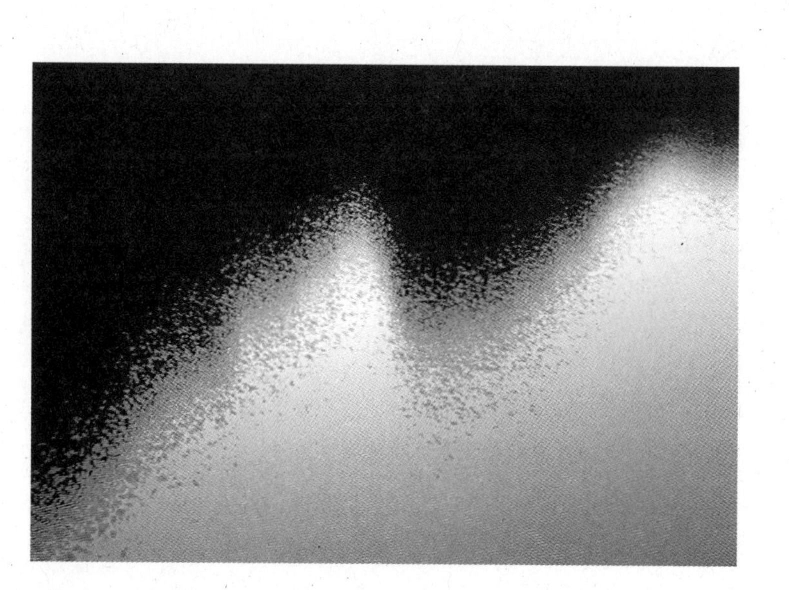

38 Lérié, Noir, Cristalin et des Moutières

Vallée : Romanche
Dénivelée : 200 m
Altitude : 2 380 m
Au départ de : Chazelet
Pêche : non
Carte : Top 25 IGN 3436 ET A1
Altitude départ : 2 220 m
Temps de montée : 2 h 30
Accès : Mizoën puis Singuigneret et piste en terre qui permet d'accéder aux gîtes d'étapes du plateau.

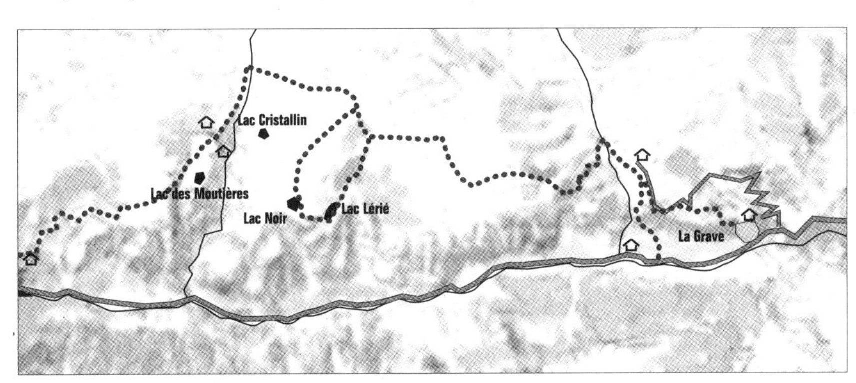

Itinéraire : laisser le véhicule à proximité des Chalets du Rif Tort après être passé devant le lac des Moutières. Emprunter le GR 50-54 jusqu'au col du Souchet puis prendre le sentier plein sud qui permet de rejoindre le lac Lérié. Remonter ensuite direction ouest pour atteindre le lac Noir. Le Petit lac Cristallin et le lac Cristallin se trouvent un peu en dessous du mamelon du Gros Serret. Un accès est également possible par le hameau du Chazelet au dessus de la Grave.

39 Quirlies

Vallée : Romanche
Dénivelée : 950 m
Altitude : 2 566 m
Au départ de : Le Perron
Pêche : non
Carte : Top 25 IGN 3335 ET F3
Altitude départ : 1 617 m
Divers : lac glaciaire
Temps de montée : 3 h 30
Accès : Mizoën, Clavans le Haut puis le Perron.
Itinéraire : emprunter le sentier qui longe le torrent de Ferrand jusqu'aux ruines des chalets des Quirlies, puis continuer vers le col du Fond de Ferrand pour suivre ensuite le sentier de gauche qui s'élève très rapidement vers l'exutoire du lac des Quirlies.

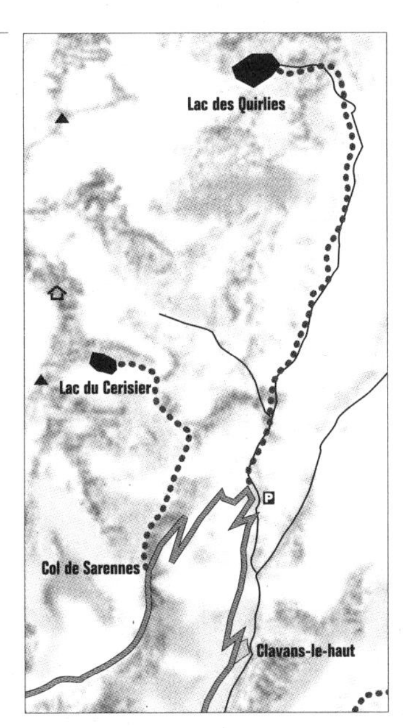

40 Cerisier

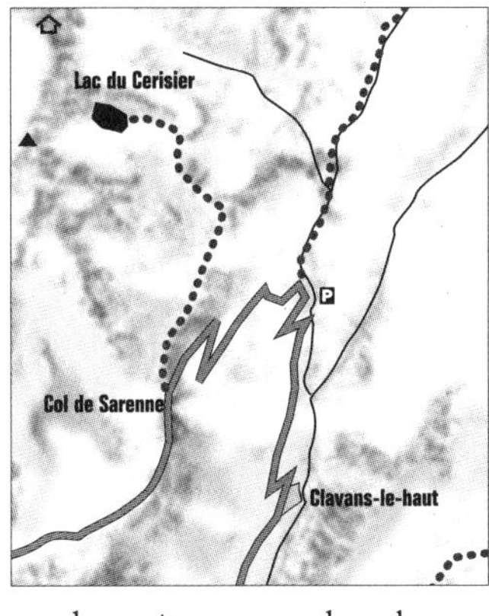

Vallée : Romanche
Dénivelée : 460 m
Altitude : 2 450 m
Au départ de : col de Sarenne
Pêche : non
Carte : Top 25 IGN : 3335 ET F3
Altitude départ : 1 990 m
Temps de montée : 2 h 00
Accès : L'Alpe-d'Huez puis col de Sarenne.
Itinéraire : du col, prendre le sentier au nord jusqu'à La Grosse Pierre puis prendre le sentier de gauche qui remonte dans le vallon au sud des dents du Cerisier. On trouve ce petit lac temporaire, qui s'assèche très rapidement au début de l'été, au milieu de gros blocs.

41 Noir, Gourses et Serres Palas

Vallée : Romanche
Dénivelée : 200 m
Altitude : 2 776 m
Au départ de : Les Deux-Alpes
Pêche : oui
Carte : Top 25 IGN 3336 ET C4
Altitude départ : 2 580 m
Temps de montée : 1 h
Accès : Les Deux-Alpes, télécabine du Jandri Express jusqu'à la gare intermédiaire.
Itinéraire : à la sortie du télécabine, remonter le télésiège du lac Noir pour trouver le lac légèrement sur la gauche à 2 780 m. Il est possible de redescendre au nord-est pour rejoindre les lacs des Gourses et de Serres Palas puis la gare du télécabine. Un accès plus esthétique est possible au départ de Saint-Christophe-en-Oisans après les Prés. Remonter rive droite du torrent de la Diablée, puis prendre le sentier à gauche qui rejoint le Miroir des Fétoules, et continuer vers le hameau du Puy. Prendre alors le sentier de droite qui grimpe aux aiguilles Rouges, puis la Toura, pour redescendre vers le lac Noir. Compter 4 h pour la montée pour 1 280 m de dénivelée.

42 Lauvitel et Plan Vianney

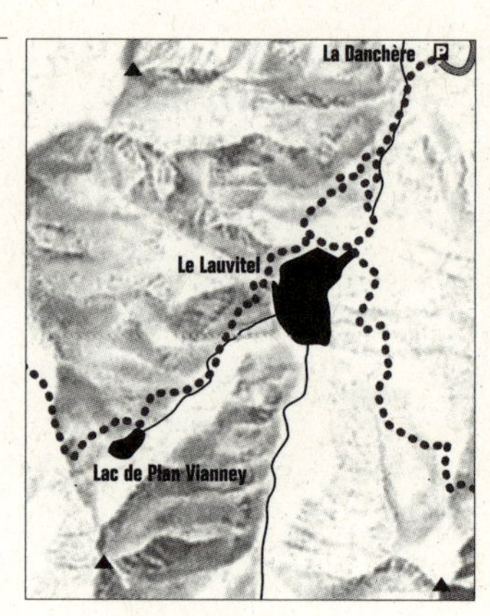

Superficie : 37,20 ha
Vallée : Vénéon
Dénivelée : 525 m
Altitude : 1 515 m
Au départ de : La Danchère
Pêche : oui
Carte : Top 25 IGN 3336 ET D2
Altitude départ : 990 m
Temps de montée : 1 h 30
Accès : D 530, avant Venosc, hameau de la Danchère.
Itinéraire : depuis le parking, traverser le village et emprunter un large chemin empierré jusqu'au torrent. En rive droite, le sentier permet l'accès au lac. En rive droite, le sentier est moins ombragé mais il permet un accès plus direct pour ceux qui continuent jusqu'au lac de Plan Vianney (2 h) et la brèche du Périer. Du Lauvitel, sur sa rive droite, un itinéraire bien tracé mais souvent soutenu conduit au col du Vallon qui surplombe le lac de la Muzelle que l'on peut rejoindre en 3 h à partir du Lauvitel.

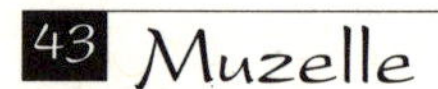

43 Muzelle

Superficie : 9,10 ha
Vallée : Vénéon
Dénivelée : 1 150 m
Altitude : 2 100 m
Au départ de : L'Alleau
Pêche : oui
Carte : Top 25 IGN 3336 ET E3
Altitude départ : 940 m
Temps de montée : 3 h 40
Accès : Venosc, le Bourg d'Arud, parking au hameau de l'Alleau.
Itinéraire : prendre le sentier GR 54, qui est pavé sur le départ, et qui commence par une forte déclivité. Le sentier est évident jusqu'au refuge au lac de la Muzelle. Du refuge, prendre le sentier qui permet l'accès à la Roche de la Muzelle pour dominer les cheminées de fée d'où le point de vue est fascinant sur le lac.

44 Salude et Mariande

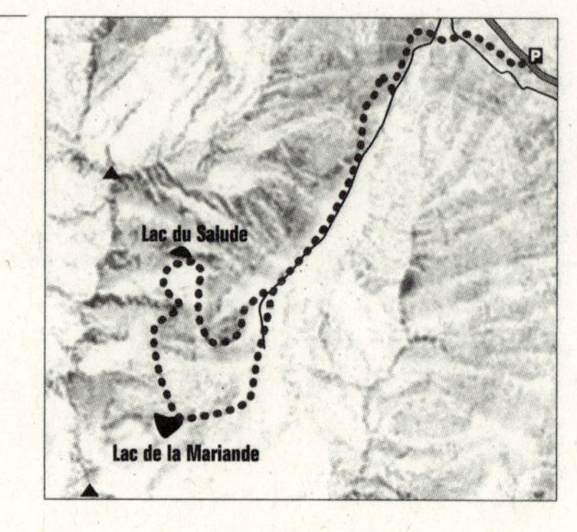

Vallée : Vénéon
Dénivelée : 1 400 m
Altitude : 2 605 m
Au départ de : Le Clot
Pêche : non
Carte : Top 25 IGN 3336 ET G3
Altitude départ : 1 370 m
Divers : lacs glaciaires accès hors sentier
Temps de montée : 4 h 40
Accès : Saint-Christophe-en-Oisans, la Bernadières puis le parking du Clos.
Itinéraire : descendre sur le pont pour traverser le Vénéon, puis remonter dans la forêt jusqu'à atteindre la Gassaudière. Redescendre pour traverser le torrent de la Mariande, et remonter dans le vallon en rive gauche. Après le Premier Clot, vers 2 000 m contourner les barres rocheuses à l'ouest par la gauche hors sentier et passer sous la Tour Rouge puis continuer au nord en s'élevant vers 2 573 m pour découvrir le lac du Salude qui dégèle très tard dans l'été. Il est possible de rejoindre le lac de la Mariande en redescendant au pied de la Tour Rouge puis en remontant sud et en traversant, toujours hors sentier, sans dépasser 2 650 m, pour accéder au lac de la Mariande. Redescendre sur l'exutoire du lac puis descendre pour le retour plein est pour rejoindre la grosse moraine qui permet de rejoindre le sentier plus bas. Prévoir pour la boucle 8 à 9 h.

45 Fétoules

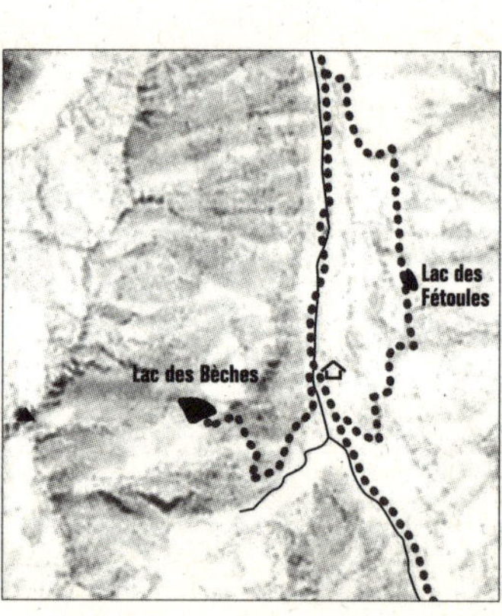

Vallée : Vénéon
Dénivelée : 790 m
Altitude : 2 250 m
Au départ de : Champhorent
Pêche : non
Carte : Top 25 IGN 3336 ET G4
Altitude départ : 1 560 m
Temps de montée : 4 h
Accès : Saint-Christophe-en-Oisans puis hameau de Champhorent.
Itinéraire : descendre jusqu'au pont qui enjambe le Vénéon puis remonter par le sentier qui permet l'accès au refuge de la Lavey. Du refuge, redescendre sur la passerelle qui enjambe le torrent de la Muande puis prendre le sentier de gauche qui grimpe vers la Tête des Fétoules. A la cote 2350, suivre à gauche un sentier avec cairn qui redescend au petit lac des Fétoules. Une montée par la combe Valla est également possible par un itinéraire cairné hors sentier.

46 Bèches

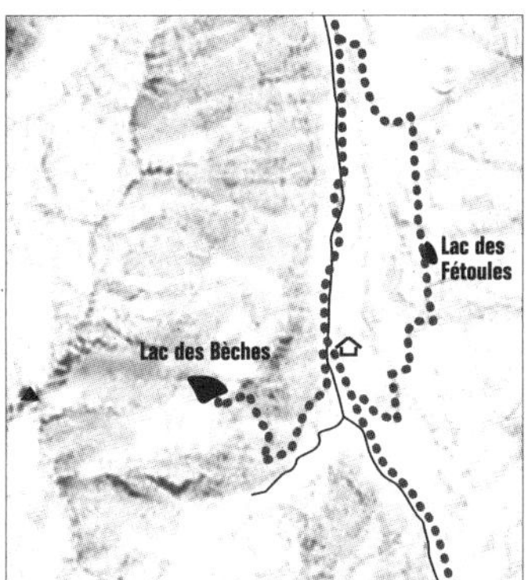
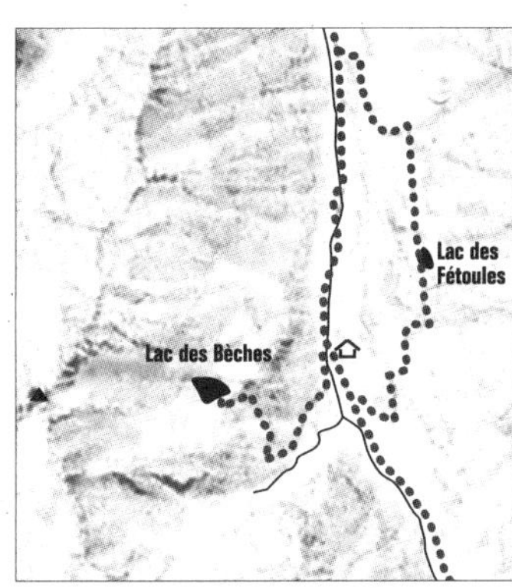

Superficie : 0,7 ha
Vallée : Vénéon
Altitude : 2 400 m
Dénivelée : 825 m
Au départ de : Champhorent
Pêche : non
Carte : Top 25 IGN 3336 ET G4
Altitude départ : 1 590 m
Temps de montée : 3 h 45
Accès : Saint-Christophe-en-Oisans puis hameau de Champhorent.
Itinéraire : descendre jusqu'au pont qui enjambe le Vénéon puis remonter par le sentier qui permet l'accès au refuge de la Lavey. Du refuge, prendre le sentier de la brèche de l'Olan puis le quitter pour prendre à droite et s'élever en contournant deux vires rocheuses avant de déboucher au lac des Bèches.

47 Muande

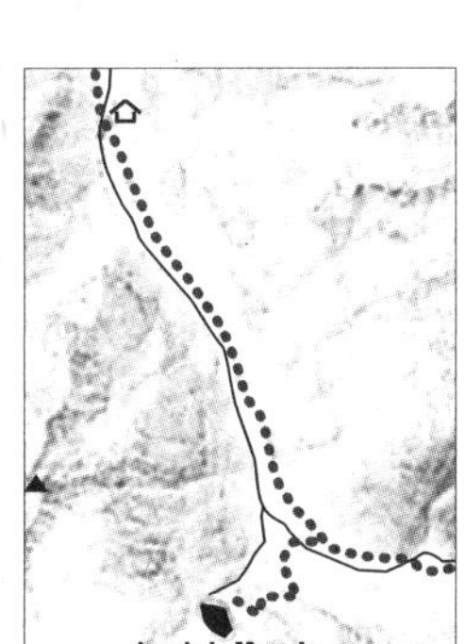

Vallée : Vénéon
Dénivelée : 760 m
Altitude : 2 350 m
Au départ de : Champhorent
Pêche : non
Carte : Top 25 IGN 3436 ET H1
Altitude départ : 1 590 m
Temps de montée : 5 h 00
Accès : Saint-Christophe-en-Oisans puis hameau de Champhorent.
Itinéraire : descendre jusqu'au pont qui enjambe le Vénéon puis remonter par le sentier qui permet l'accès au refuge de la Lavey. Du refuge, remonter en rive droite du torrent de la Muande. Après le premier Clot, traverser le torrent pour remonter les Pies de l'Olan pour découvrir ce lac récent.

48 Rouies

Superficie : 5,7 ha
Vallée : Vénéon
Dénivelée : 1 300 m
Altitude : 2 400 m
Au départ de : Champhorent
Pêche : non
Carte : Top 25 IGN 3436 ET H1
Altitude départ : 1 590 m
Temps de montée : 5 h 00
Accès : Saint-Christophe-en-Oisans puis hameau de Champhorent
Itinéraire : descendre jusqu'au pont qui enjambe le Vénéon puis remonter par le sentier qui permet l'accès au refuge de la Lavey. Du refuge, remonter en rive droite du torrent de la Muande. Après le premier Clot, suivre le sentier qui s'élève en direction de la Pointe du Vallon des Etages jusqu'au lac des Rouies.

49 Lacs du Taillefer

Vallée : massif du Taillefer
Altitude : 2 100 m
Dénivelée : 900 m
Au départ de : La Grenonière (Ornon)
Carte : Top 25 IGN 3335 OT-D9
Altitude départ : 1 281 m
Divers : la boucle en 7 h
Temps de montée : 2 h 30
Accès : D 21 à Ornon puis hameau de la Grenonîère.
Itinéraire : emprunter la piste puis le sentier GR 50 et laisser à droite le sentier qui conduit au refuge du Taillefer. Le premier lac rencontré est le lac de la Vèche, puis le lac Noir, de l'Agneau, Culasson. Au lac Fourchu, contourner par la gauche pour le lac Canard puis rejoindre le pas de l'Envious. D'ici, il est possible de découvrir l'incroyable labyrinthe des lacs du Pin, de Beauregard, des Aiguillons, du Petit et Grand Pré. Redescendre par le sentier du refuge du Taillefer. La montée aux lacs est également possible à partir du parking du lac du Poursolet par le GR 50.

50 Emay

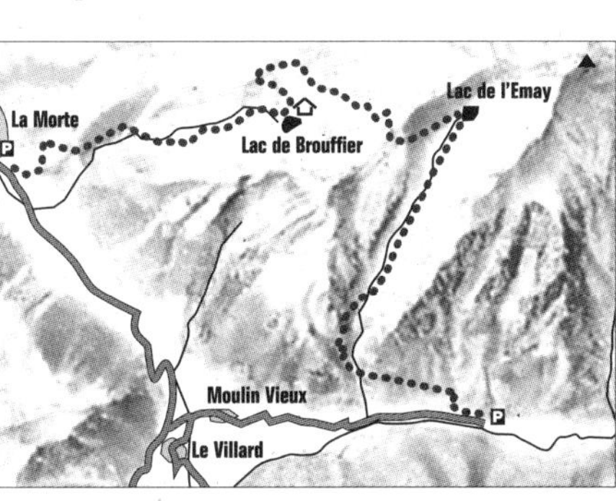

Vallée : Taillefer
Dénivelée : 790 m
Altitude : 2 490 m
Au départ de : Combe Oursière (La Morte)
Pêche : non
Carte : Top 25 IGN 3336 OT B4
Altitude départ : 1 700 m
Temps de montée : 2 h 50
Accès : Séchilienne, la Morte, route du lac du Poursolet jusqu'au parking de Combe Oursière.
Itinéraire : remonter la Combe Oursière par le sentier du lac Bouffier, l'abandonner pour le sentier de gauche qui rejoint le Pas de la Mine puis suivre le chemin qui part horizontalement est-nord-est pour atteindre quelques flaques puis, au-dessus, le lac de l'Emay. Il est possible de rejoindre facilement le col du Grand Van pour atteindre ensuite le sommet du Taillefer où la vue sur les lacs Fourchu, Agneau, Canard,… et Grenoble est splendide. Le retour est facile par le sentier qui redescend au Petit Taillefer puis directement au Pas de la Mine.

51 Rif Bruyant

Vallée : Roizonne
Dénivelée : 1 050 m
Altitude : 1 955 m
Au départ de : Le Mollard
Pêche : oui
Carte : Top 25 IGN 3336 OT E4
Altitude départ : 980 m
Temps de montée : 3 h 30
Accès : D 114 vallée de la Roizonne, parking au hameau le Mollard.
Itinéraire : du hameau du Mollard, emprunter le sentier GR 549 (variante du tour du Valbonnais-Beaumont) en rive droite puis gauche du torrent du Rif Bruyant pour accéder jusqu'à la cabane forestière et gîte d'étape au pied du Château des Lacs. Au-dessus de la cabane, prendre le sentier de gauche qui accède rapidement aux lacs. Pour le retour, suivre le sentier jusqu'au collet au-dessus des lacs, puis redescendre sur le sentier dans la combe de la Grande Montagne jusqu'à la cabane forestière, puis même itinéraire qu'à la montée.

52 Vallon

Vallée : Malsanne
Dénivelée : 1 350 m
Altitude : 2 500 m
Au départ de : Chantelouve
Pêche : oui
Carte : Top 25 IGN 3336 ET Dl
Altitude départ : 1 150 m
Temps de montée : 4 h 30
Accès : D 526 col d'Ornon, Chantelouve, parking au hameau les Faures.
Itinéraire : emprunter le sentier qui accède à la cabane de la Charmette puis suivre le sentier Tour du Pays Valbonnais-Beaumont en rive droite de la Malsanne jusqu'à la cabane du Pré de la Vache puis du lac du Vallon.

53 Gary

Vallée : Malsanne
Altitude : 2 370 m
Dénivelée : 1 700 m
Au départ de : Entraigues
Pêche : oui
Carte : Top 25 IGN 3336 ET G1
Altitude départ : 810 m
Divers : 2 480 m brèche Gary
Temps de montée : 6 h
Accès : D 526 jusqu'à Entraigues.
Itinéraire : suivre la route de Valjouffrey jusqu'au dernier jardin puis prendre le sentier balisé Vêt-Lac Gary. Après une grande traversée dans un éboulis, le sentier serpente dans les barres rocheuses puis prend à droite jusqu'à la cabane du Vêt. Remonter le vallon jusqu'à la brèche Gary puis redescendre jusqu'au lac. Un autre itinéraire est possible depuis le hameau de Dessous la Roche, sur la commune du Périer. Bon entraînement indispensable.

54 Labarre

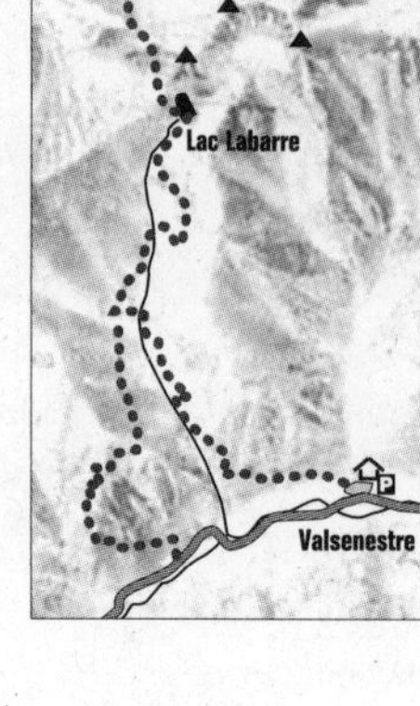

Superficie : 1,70 ha
Vallée : Valjouffrey
Dénivelée : 1 100 m
Altitude : 2 395 m
Au départ de : Valsenestre
Pêche : oui
Carte : Top 25 IGN 3336 ET F2
Altitude départ : 1 295 m
Temps de montée : 3 h 30
Accès : Valsenestre.
Itinéraire : deux itinéraires possibles, depuis Valsenestre par la variante du GR 54 ou par un départ 300 m avant le pont du Moulin. Les deux itinéraires se rejoignent à la cabane de Combe Guyon (1 965 m). Ensuite remonter le ruisseau de la Fayolle jusqu'au lac Labarre. En 20 mn, on peut rejoindre le col de Romeïou. Il est possible alors de réaliser un itinéraire de 2 à 3 jours autour du Signal du Lauvitel en continuant par la brèche du Périer pour le lac de Plan Vianney, rejoindre le Lauvitel puis, par le col du Vallon, le lac de la Muzelle, le col de la Muzelle et redescente à Valsenestre par le GR 54.

55 Pissoux

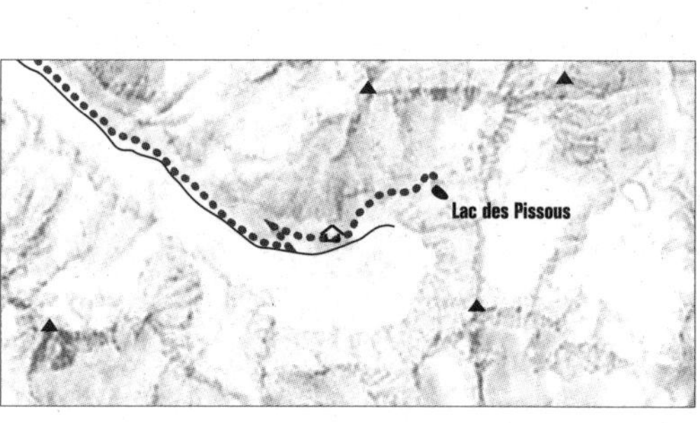

Vallée : Valjouffrey
Dénivelée : 1 380 m
Altitude : 2 630 m
Au départ de : Le Désert
Pêche : non
Carte : Top 25 IGN 3336 ET H4
Altitude départ : 1 250 m
Temps de montée : 4 h 30
Accès : La Chapelle-en-Valjouffrey, parking au hameau le Désert.
Itinéraire : prendre le chemin traversant le village et qui accède au refuge de Font Turbat. Continuer au dessus du refuge puis prendre le sentier de droite. Remonter dans le pierrier en suivant les marques oranges. Le sentier mal tracé est cairné. On accède au minuscule lac des Pissous au pied du glacier qui descend de la brèche de l'Olan.

56 Pétarel et Sebeyras

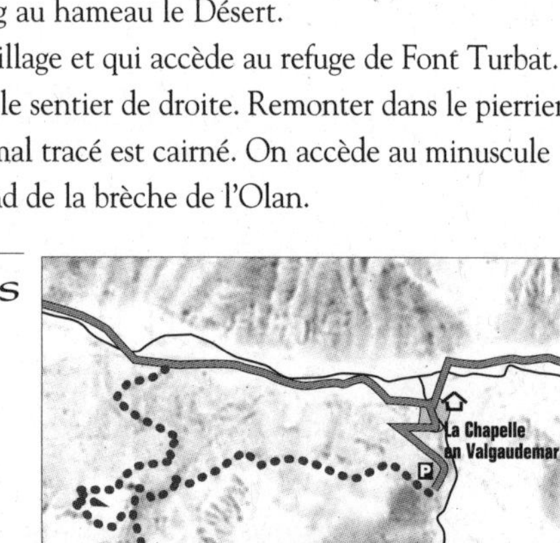

Vallée : Valgaudemar
Dénivelée : 1 000 m
Altitude : 2 090 m
Au départ de : Les Portes
Pêche : oui
Carte : Top 25 IGN 3437 OT B3
Altitude départ : 1 270 m
Temps de montée : 3 h 00
Accès : La Chapelle-en-Valgaudemar puis hameau des Portes, parking juste avant le hameau.
Itinéraire : prendre le sentier qui part plein ouest dans le village. Après avoir traversé le torrent de Pétarel, prendre le sentier GR 542 de gauche qui monte jusqu'au lacs de Pétarel. En continuant le sentier, on accède au lac de Sebeyras sur la gauche. Un autre accès est possible au départ du hameau des Andrieux.

57 Lautier

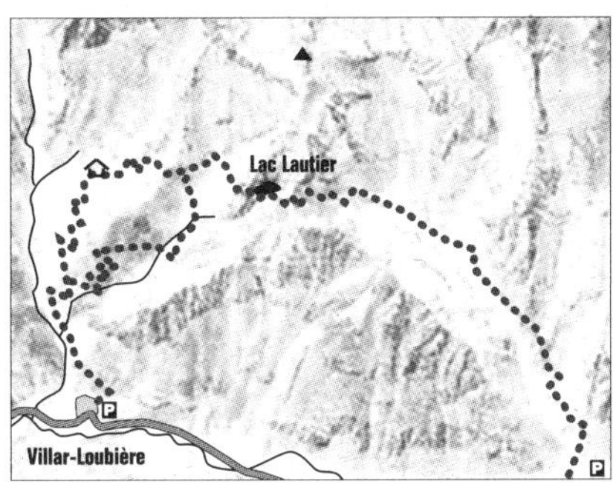

Vallée : Valgaudemar
Dénivelée : 1 320 m
Altitude : 2 363 m
Au départ de : Villar Loubière
Pêche : oui
Carte : Top 25 IGN 3336 ET I3
Altitude départ : 1 040 m
Temps de montée : 3 h 20
Accès : vallée du Valgaudemar, Villar Loubière.
Itinéraire : le départ se trouve tout en haut du village. Le sentier GR 54 accède au refuge des Souffles à 1 968 m. Continuer par le col des Clochettes pour atteindre le lac Lautier à 2 363 m. Un autre accès est également possible au départ de la Chapelle en Valgaudemar par le sentier qui accède au refuge de l'Olan par la cascade de Combe Froide. Prendre le sentier de gauche qui accède au col des Colombes puis au lac Lautier. La boucle est possible en 7 h.

58 Lauzon et Bleu

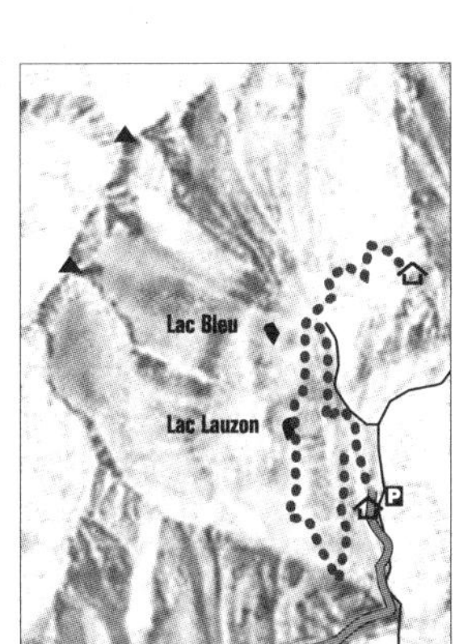

Vallée : Valgaudemar
Dénivelée : 380 m
Altitude : 2 150 m
Au départ de : refuge du Giobemey
Pêche : oui
Carte : Top 25 IGN 3436 ET I1
Altitude départ : 1 640 m
Temps de montée : 1 h 45
Accès : La Chapelle-en-Valgaudemar, parking au chalet hôtel refuge du Gioberney.
Itinéraire : prendre le sentier de gauche bien balisé qui accède au lac du Lauzon en surplombant la cascade du Voile de la Mariée. Le lac Bleu est hors sentier un peu au dessus du sentier qui permet de redescendre par le torrent de la Muande Bellone, au lieu dit Jas du Cros.

59 Vallonpierre

Vallée : Valgaudemar
Dénivelée : 800 m
Altitude : 2 280 m
Au départ de : Le Gioberney
Pêche : non
Carte : Top 25 IGN 3437 OT B4
Altitude départ : 1 480 m
Temps de montée : 2 h 30
Accès : La Chapelle-en-Valgaudemar, le Rif du Sap, parking quelques centaines de mètre plus loin.
Itinéraire : prendre le sentier GR 542 en direction du refuge Xavier-Blanc, rejoindre le Clos, puis remonter rive droite puis gauche du torrent la Severaisse pour accéder au refuge et lac de Vallonpierre. Un autre accès est également possible par la vallée de Champoléon au départ du parking des Auberts. Après avoir passé le pont sur le torrent d'Isola, prendre le sentier de gauche jusqu'au col de Vallonpierre puis redescendre jusqu'au lac (prévoir 4 h 30).

60 Barbeyroux

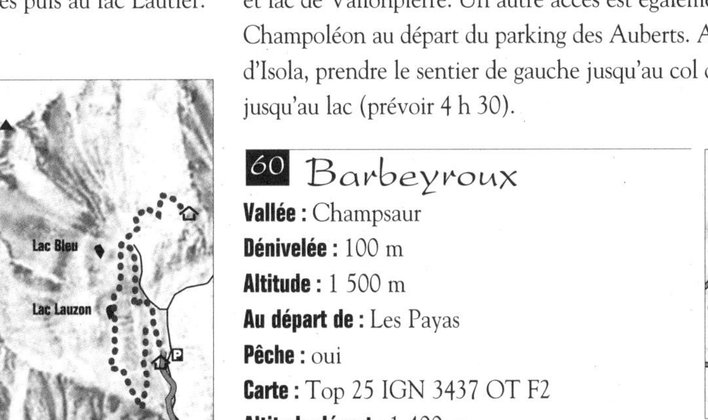

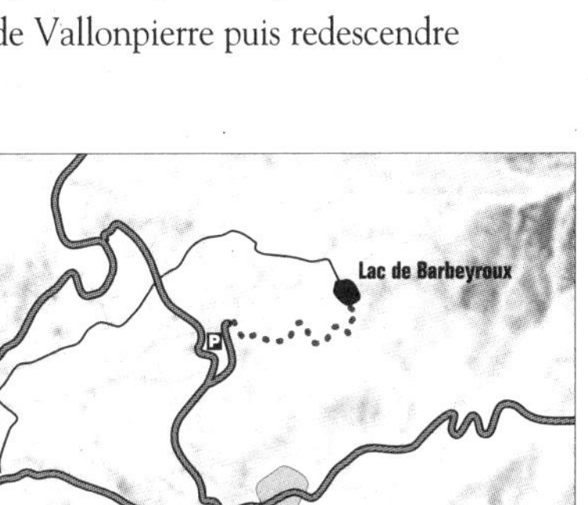

Vallée : Champsaur
Dénivelée : 100 m
Altitude : 1 500 m
Au départ de : Les Payas
Pêche : oui
Carte : Top 25 IGN 3437 OT F2
Altitude départ : 1 400 m
Accès : à partir de Saint-Bonnet en Champsaur.
Itinéraire : à Saint-Bonnet, prendre la direction de Chaillol par la D 43. Juste avant le hameau des Combes, tourner à gauche en direction de Villard Trottier puis à droite vers les Payas. Laisser la voiture pour emprunter le chemin vicinal sur 1 km jusqu'au lac de Barbeyroux.

Gîtes d'étapes et de séjour dans les Écrins

Briançon				
Le Fontenil	35	Le Petit Phoque	04 92 20 07 27	Gîte d'étape
La Grave				
Les Terrasses	40	L'Auberge ensoleillée	04 76 79 95 11	Gîte de séjour
Chef-lieu - Bas du village	15	Au Vieux Guide	04 76 79 90 75	Gîte d'étape
Chef-lieu - Place de l'église	12	Mme Rousset	04 76 79 91 00	Gîte d'étape
Le Chazelet	41	Chez Baptiste	04 76 79 92 09	Gîte d'étape
Le Chazelet	18	M. Jacquier	04 76 79 92 22	Gîte d'étape
Le Monetier-les-Bains				
Chef-lieu	36	Le Flourou	04 92 24 41 13	Gîte d'étape
Le Lauzet - Les Boussardes	24	M. Vaillot	04 92 24 76 42	Gîte d'étape
Le Lauzet - Les Boussardes	15	M. Boussouar	04 92 24 43 50	Gîte d'étape
Le Casset	24	Le Rebanchon	04 92 24 45 74	Gîte d'étape
Villar d'Arène				
Chef-lieu	30	Le Faranchin	04 76 79 90 01	Gîte d'étape
Le Pied du Col	50	Montagne pour tous	04 76 79 94 36	Gîte de séjour
Chef-lieu	48	La Brèche	04 76 79 92 06	Gîte de séjour
Arsine	20	Le Pas de l'Ane	04 76 7994 28	Gîte d'étape
Vallouise				
Chef-lieu	18	Le Baouti	04 92 23 46 50	Gîte d'étape
Puy-Aillaud - La Ferme-Auberge	25	M. Granet	04 92 23 37 32	Gîte d'étape
Le Grand Parcher - La Tête d'Aval	19	M. Lemouton	04 92 23 55 55	Gîte de séjour
Chef-lieu - L'Aiglière	24	Mme et M Fischer	04 92 23 52 52	Gîte d'étape
Pelvoux				
Ailefroide	15	M. Giraud	04 92 23 32 03	Gîte d'étape
Les Vigneaux				
Chef-lieu - Le Montbrison	40	M. Estienne	04 92 23 10 99	Gîte de séjour
Le village - Les Carlines	19	M. Mouchet	04 92 23 02 74	Gîte d'étape/séjour
L'Argentière-la-Bessée				
Le Moulin papillon-rte du Fournel	28	Mme Vigne	04 92 23 05 40	Gîte de séjour
Champcella				
Hameau les Faures	24	M. Zoellin	04 92 20 92 74	Gîte-refuge
Pallon	30	M. Brunet	04 92 20 93 74	Gîte d'étape
Freissinières				
Les 5 Saisons	14	M. et Mme Condemine	04 92 20 94 40	Gîte d'étape
Les Ribes	39	M. Brunet	04 92 20 93 74	Gîte d'étape
Dormillouse	25	Les Enflous	04 92 20 93 89	Gîte d'étape
Dormillouse Gîte "l'Ecole"	17	G. Reif	04 92 20 90 01	Gîte d'étape
Embrun				
Chalvet	20	M. Bonnafoux	04 92 43 03 63	Gîte d'étape
Châteauroux-les-Alpes				
Les Pinées	20	M. Testou	04 92 43 30 46	Gîte d'étape
Les Charançons	30	M. Richard	04 92 43 23 52	Gîte d'étape
St-Alban	37	M. Mignot	04 92 45 10 40	Gîte de séjour
Crots				
Les Drayes	42	M. Roussel	04 92 43 31 78	Gîte d'étape/séjour
Réallon				
Les Gourniers	35	M. Vial	04 92 44 23 51	Gîte d'étape
Réotier				
Pinfol	20	Mme Garrigues	04 92 45 01 58	Gîte de séjour
Ancelle				
Le Château - Gîte Emparosa	28	M. Menonna	04 92 50 82 13	Gîte de séjour
St.-Bonnet				
Les Rives du Drac	18	Mlle Motte	04 92 50 19 73	Gîte de séjour
Champoléon				
Les Borels	40	Foyer neige et montagne	04 92 55 94 77	Gîte d'étape
Les Gondoins	25	M. Hugues	04 92 55 90 78 04 92 55 91 92	Gîte de séjour
Orcières				
Base de loisirs "le Château"	35	M. Escallier	04 92 55 76 67	Gîte de séjour
Prapic	20	M. Dussere-Bresson	04 92 55 75 10	Gîte de séjour
Gîte de Chauffarel	30	La Fruitière et ses Amis	04 92 55 78 41	Gîte de séjour

St.-Jean St.-Nicolas				
La Villa	18	M. Para	04 92 55 92 63	Gîte de groupe
St.-Michel-de-Chaillol				
Les Marrons - Le Chamois	28	M. et Mme Bernard	04 92 50 49 20	Gîte de séjour
Les Costes				
Les Courts	10	M. Barthélémy	04 92 50 03 63	Gîte d'étape
La Chapelle-en-Valgaudemar				
La Chapelle-en-Valgaudemar	47	Mairie	04 92 55 23 17	Gîte d'étape et de séjour
Le Casset	18	M. Vincent	04 92 55 22 72	Gîte d'étape
La Chapelle-en-Valgaudemar	28	Foyer rural	04 92 55 28 56	Gîte d'étape et de séjour
St.-Jacques-en-Valgodemard				
Les Paris	19	M. Decourtois	04 92 55 30 07	Gîte de séjour
St.-Maurice-en-Valgodemard				
Les Barrengeards	6	M. Gueydan	04 92 55 23 75	Gîte d'étape équestre
Villar-Loubière				
Le Relais de la Vaurze	22	M. Laugier	04 92 55 23 61	Gîte d'étape et de séjour
Entraigues				
Ancienne école + gîte	18	Mairie d'Entraigues	04 76 30 20 18	Gîte d'étape
Les Goulets	12	Mairie d'Entraigues	04 76 30 20 18	Gîte d'étape
Lavaldens				
Lavaldens	6/8	Mairie	04 76 81 39 89	Gîte d'étape
Le Périer				
Les Daurens	26	M. Ovise	04 76 30 29 40	Gîte d'étape
Les Clottous	14	Mme Nicollet	04 76 30 27 26	Gîte d'étape/séjour
Valjouffrey				
Le Désert	30	Mme Rosso	04 76 30 22 25	Gîte d'étape
Le Désert	18	Mme Puissant	04 76 30 21 45	Gîte de séjour
Valsenestre	24	Mme Pilon	04 76 30 20 88	Gîte de séjour
Chantelouve				
Col d'Ornon	40	Le Schuss	04 76 80 46 60	Gîte de séjour
Le Chantelouve	18	M. Flamant	04 76 80 44 82	Gîte d'étape
Le Chamois volant	25	Ph. Brunie	04 76 80 40 61	Gîte d'étape
Ornon				
Les filons	18	M. Minelli	04 76 80 46 58	Gîte d'étape et de séjour
Ornon	18	L'Eterlou	04 76 80 61 21	Gîte d'étape et de séjour
Bourg-d'Oisans				
Centre Montagnard	15		04 76 80 02 83	Gîte d'étape
MJC	44		04 76 80.01 76	Gîte d'étape
Besse-en-Oisans				
Haut du village	52	M. Barthélémy	04 76 80 06 22	Gîte d'étape et de séjour
Entrée du village	60	M. Hustache	04 76 80 06 58	Gîte d'étape
Le Rif-Tort	30	Mme Besnier	04 76 80 24 11	
Mizoën				
Près de l'église	65	Auberge "Art et Joie"	04 76 80 04 38	Gîte d'étape et de séjour
Plateau d'Emparis	21	Mme Venera	04 76 80 24 12	Gîte d'étape
Les Mouterres	25	commune	04 76 80 05 70	
Les Chatons	14	commune	04 76 80 29 73	
Le Fay	23	privé	04 76 80 24 12	
St.-Christophe-en-Oisans				
La Bérarde	18	Mme Amevet	04 76 79 54 09	Gîte de séjour
Plan du lac	31	M. Schopphoven	04 76 80 19 19	Gîte d'étape et de séjour
Pré Clot	22	M. Tairraz	04 76 79 27 41	Gîte d'étape et de séjour
Venosc				
Le Courtil	20	M. Durdan	04 76 80 06 94	Gîte de séjour

Refuges des Écrins

localisation	nom du refuge	gestionnaire	altitude	places été	places hiver	accès estival	gardé print.	gardé été	renseignements
La Grave	Evariste Chancel	privé	2 506	46	46	3h15	x	x	04 76 79 92 32 gardé en hiver
	L'Aigle	CAF Briançon	3 450	20	20	5h30	x	x	04 76 79 94 74
Villar d'Arène	Adèle Planchard	STD	3 173	64	34	5h30	x	x	04 76 79 92 14
	Pavé	CAF Briançon	2 900	26	26	5h00		x	04 76 79 94 66/04 92 24 48 57 gardien
	Alpe/Villar d'Arène	CAF Briançon	2 079	73	20	1h30	x	x	04 76 79 94 66/04 92 24 53 18 gardien
Pelvoux	Pré de Mme Carle	CAF Briançon	1 874	20	20		x		04 92 20 16 52
	Ecrins	CAF Briançon	3 170	105	40	4h30	x	x	04 92 23 46 66
	Glacier Blanc	CAF Briançon	2 550	135	40	2h00	x	x	04 92 23 50 24
	Pelvoux	CAF Briançon	2 704	58	20	3h30		x	04 92 23 39 47
	Sélé	CAF Briançon	2 550	76	70	3h30		x	04 92 23 39 49
Vallouise	Bans	CAF Briançon	2 076	22	30	1h30		x	04 92 23 39 48
Champoléon	Pré de la Chaumette	CAF Gap	1 810	60	20	1h30		x	04 92 55 95 34
	Le Tourrond	privé	1 712	28	-	1h00	x	x	04 92 55 94 70
La Chapelle-en-Valgaudemar	Vallonpierre	CAF Gap	2 280	32	30	2h30		x	04 92 55 27 81
	Chabournéou	CAF Gap	2 040	44	32	2h15	x	x	04 92 55 27 80
	Le Clot(Xavier Blanc)	CAF Gap	1 397	54	10	5mn		x	04 92 55 27 90
	Gioberney	C. communes	1 640	90	20	voiture	x		04 92 55 27 50 chalet-hôtel
	Pigeonnier	CAF Gap	2 430	50	32	2h00	x	x	04 92 55 27 82
	Chalance	CAF Gap	2 570	16	14	3h00			04 92 51 55 14 non gardé
	Olan	CAF Gap	2 350	74	18	3h15		x	04 92 55 30 88
Villard-Loubière	Souffles	CAF Gap	1 960	20	20	2h30		x	04 92 55 22 91
Venosc	Muzelle	privé	2 130	52	9	4h30		x	04 76 79 02 01 en hiver, clés, M.Durdan
St-Christophe-en-Oisans	Alpe du Pin	JDA	1 820	30	30	1h45			non gardé
	Lavey	CAF Grenoble	1 797	74	20	1h30	x	x	04 76 80 50 52
	Pilatte	CAF Grenoble	2 572	100	20	3h30	x	x	04 76 79 08 26 ancien refuge ouvert
	Carrelet	privé	1 908	50	15	1h00	x	x	04 76 79 25 38
	Temple-Ecrins	CAF Grenoble	2 410	103	10	2h30		x	04 76 79 08 28
	La Bérarde	CAF Grenoble	1 740	172	20	voiture	x	x	04 76 79 53 83
	Chatelleret	CAF Grenoble	2 221	70	40	2h15	x	x	04 76 79 08 27
	Promontoire	CAF Grenoble	3 092	36	18	5h00		x	04 76 80 51 67
	Soreiller	STD	2 730	114	18	3h00		x	04 76 79 08 32
	La Selle	STD	2 635	64	16	3h30	x	x	04 76 79 56 56
Mizoën	Les Clots	commune	1 540	20		1h30	x	x	04 76 80 03 10/04 76 80 22 93 été
Ornon	Le Taillefer	privé	2 000	18		1h30		x	04 76 80 62 66
Valjouffrey	Fond Turbat	CAF Grenoble	2 194	30	12	3h00		x	04 76 83 90 60/04 76 30 29 23 été
Le Périer	La Selle	O.N.F.	2 000	8	8	3h00			cabane pastorale abri
La Morte	Alpes du Gr-Serre	STD	1 350	15	15	voiture	x	x	04 76 72 19 88

Le Parc national des Écrins

De profondes vallées percent le massif jusqu'à son cœur de glace, une forteresse qui culmine à 4 101 m, à la Barre des Écrins, entourée d'autres sommets tout aussi prestigieux tels que la Meije, le Rateau, les Agneaux, le Pelvoux, les Bans, l'Olan, le Sirac... Territoire exceptionnel de haute montagne, le massif des Écrins a bénéficié de la création d'un Parc national en 1973, protégeant une zone centrale de 91 800 hectares. Si l'imbrication naturelle est forte, on repère néanmoins sept grands secteurs géographiques sur lesquels repose aussi l'organisation du Parc national des Écrins : le Briançonnais, la Vallouise, l'Embrunais, le Champsaur, le Valgaudemar, le Valbonnais et l'Oisans. Remonter leurs vallées, c'est faire connaissance avec autant de pays, d'hommes et de patrimoines très identifiés.
Au carrefour des Alpes du Nord et du Sud, la position du massif des Écrins lui apporte la diversité des espèces nordiques et méditerranéennes. Conserver et enrichir cette diversité biologique est une mission première pour le Parc national qui constitue aussi un espace de référence par rapport aux milieux alpins. Une réserve intégrale, créée en 1995 au fond du vallon du Lauvitel (Oisans), permet d'étudier son évolution naturelle en l'absence d'intervention humaine. L'interaction des grands systèmes montagneux justifie l'implication du Parc national des Écrins dans des programmes de recherche à l'échelle européenne. Le Réseau alpin des espaces protégés, dont on lui a confié l'animation, renforce ce souci d'ouverture internationale. Les échanges scientifiques, le partage de difficultés souvent similaires dans la gestion de tels espaces, dépendante de l'évolution de l'économie montagnarde, participent à construire une communauté alpine soudée.
Naturalistes passionnés, les gardes-moniteurs sont, avant tout, des observateurs de terrain attentifs et des informateurs féconds des visiteurs. Le réseau des Maisons du Parc complète cet accueil à l'approche du territoire protégé.
Les œuvres réalisées par des artistes du monde entier, invités en résidence dans les Écrins, sont aussi une façon d'aborder la force et la beauté de ce massif. Ce livre sur les lacs des Écrins en est une autre, hymne poétique de l'image et du texte, portraits de ces morceaux d'eau en altitude, miroirs d'un instant. La vôtre est tout aussi unique.
Car c'est à pied que l'on découvre toutes les singularités de ce territoire. Passer la "porte", entrer dans le parc. Monter les "étages", suivre le sentier à travers les alpages, prairies de fauche et pelouses, repérer l'aigle qui lorgne la marmotte, le chamois à la fraîche, l'hermine furtive, le trèfle des rochers, le bouquetin sur sa vire.

La réintroduction de ce grand ongulé dans les Écrins est à mettre à l'actif du Parc national. Au quotidien des agents du parc depuis 25 ans : la connaissance et la gestion des espèces, emblématiques, méconnues ou rares. Des richesses exceptionnelles à partager, en premier lieu, avec les habitants des Écrins. Des richesses à préserver avec leur soutien, jusque dans la zone périphérique du parc. La reconnaissance d'une "continuité" de l'espace et des enjeux, au-delà de la zone centrale réglementée, est inscrite dans la Charte d'environnement et de développement durable. Signée en 1996, elle définit les objectifs d'un vrai partenariat entre le Parc et les communes de sa zone. Mais aussi avec les autres acteurs du territoire : agriculteurs, forestiers, gestionnaires de refuges... Il s'agit de mener ensemble des actions favorables à l'économie locale en s'appuyant, tout en les préservant, sur les ressources naturelles et culturelles des Écrins. Déjà, les démarches communes sont fréquentes et presque "installées", quand le Parc accompagne le maintien de certaines pratiques agricoles, s'allie avec les offices de tourisme, s'appuie sur les accompagnateurs en montagne, participe à l'aménagement d'un village... Il revenait à l'État de créer un parc national. Il appartient au Parc national et à ses habitants de faire vivre les "Territoires Écrins".

Parc national des Écrins
mai 99

Dépôt légal juin 1999
Imprimé en CEE